Psychologie für Studium und Beruf

Diese Buchreihe zu den Grundlagen- und Anwendungsfächern der Psychologie wird herausgegeben in Kooperation zwischen dem Onlinestudium des Fachbereiches Onlineplus an der Hochschule Fresenius und dem Springer-Verlag. Alle Titel dieser Reihe wurden zunächst als Studienbriefe für die Fernlehre konzipiert und dann von den Autorinnen und Autoren für die Veröffentlichung in Buchform umgearbeitet. Dabei wurde die handliche, modulare Einteilung der Themen über die einzelnen Bände beibehalten – Leserinnen und Leser können so ihr Buchregal sehr gezielt um die Themen ergänzen, die sie interessieren. Dabei wurde größter Wert auf die didaktische und inhaltliche Qualität gelegt sowie auf eine äußerst unterhaltsame und alltagsnahe Vermittlung der Inhalte. Die Titel der Reihe richten sich an Studierende, die eine praxisnahe, verständliche Alternative zu den klassischen Lehrbüchern suchen, an Praktikerinnen und Praktiker aller Branchen, die im Arbeitsleben von psychologischem Know-how profitieren möchten, sowie an alle, die sich für die vielfältige Welt der Psychologie interessieren.

Weitere Bände in der Reihe: http://www.springer.com/series/16425

Ulf Lubienetzki
Heidrun Schüler-Lubienetzki

Sag mal: Wo geht's lang und wie kommen wir dahin?

Worauf es bei der Moderation von Gruppen ankommt

 Springer

Ulf Lubienetzki
entwicklung GbR
Hamburg, Deutschland

Heidrun Schüler-Lubienetzki
entwicklung GbR
Hamburg, Deutschland

Teile des Werkes sind vorab publiziert worden in: Lubienetzki, U. &
Schüler-Lubienetzki, H. (2016). SAG MAL: WO GEHT'S LANG UND
WIE KOMMEN WIR DAHIN? MODERATION. Studienbrief der
Hochschule Fresenius online plus GmbH. Idstein: Hochschule Fresenius on-
line plus GmbH. Mit freundlicher Genehmigung von © Hochschule
Fresenius online plus GmbH 2016.

ISSN 2662-4826   ISSN 2662-4834 (electronic)
Psychologie für Studium und Beruf
ISBN 978-3-662-61830-1   ISBN 978-3-662-61831-8 (eBook)
https://doi.org/10.1007/978-3-662-61831-8

Die Deutsche Nationalbibliothek verzeichnet diese Publikation in der Deutschen
Nationalbibliografie; detaillierte bibliografische Daten sind im Internet über
http://dnb.d-nb.de abrufbar.

Springer ist ein Imprint der eingetragenen Gesellschaft Springer-Verlag GmbH, DE
und ist ein Teil von Springer Nature.
Die Anschrift der Gesellschaft ist: Heidelberger Platz 3, 14197 Berlin, Germany

Ihr Bonus als Käufer dieses Buches

Als Käufer dieses Buches können Sie kostenlos unsere Flashcard-App „SN Flashcards" mit Fragen zur Wissensüberprüfung und zum Lernen von Buchinhalten nutzen. Für die Nutzung folgen Sie bitte den folgenden Anweisungen:

1. Gehen Sie auf **https://flashcards.springernature.com/login**
2. Erstellen Sie ein Benutzerkonto, indem Sie Ihre Mailadresse angeben, ein Passwort vergeben und den Coupon-Code einfügen.

Ihr persönlicher „SN Flashcards"-App Code   978BB-04BE7-C990B-29DD0-36B96

Sollte der Code fehlen oder nicht funktionieren, senden Sie uns bitte eine E-Mail mit dem Betreff **„SN Flashcards"** und dem Buchtitel an **customerservice@ springernature.com**.

Vorwort

Seit mehr als zwei Jahrzehnten beschäftigen wir uns beruflich mit menschlicher Kommunikation. Ob als Coaches, Trainer, Berater oder auch als Führungskräfte, immer geht es um den Austausch von Sachinformationen, um die Vermittlung von persönlichen Wahrnehmungen und Empfindungen, um die Bewertung von etwas oder sogar von jemanden oder auch darum, gemeinsam mit einem oder mehreren Menschen etwas zu erreichen. Im Laufe der Zeit haben wir viele eigene Erfahrungen zur Kommunikation gesammelt und unser Wissen gezielt weiterentwickelt. Ein wichtiger Bestandteil unserer Arbeit ist die Weitergabe unserer Erfahrungen und unseres Wissens an andere Menschen. Dieses geschieht in unserem Beruf meistens in Form von Seminaren und Trainings. Der große Vorteil von Seminaren und Trainings, sei es in der Präsenz- oder Online-Variante, ist, dass es möglich ist, gezielt auf die individuellen Fragen und Bedürfnisse der Teilnehmerinnen und Teilnehmer einzugehen. So bildet in unseren Veranstaltungen die Arbeit an mitgebrachten Fallbeispielen sowie das Entwickeln und Ausprobieren von Lösungen immer die wichtigste Komponente. Zwangsläufig sind die Möglichkeiten, Menschen mit Seminaren zu Themen der Kommunikation zu erreichen, begrenzt. Die Zusammenarbeit mit verschiedenen Hochschulen sowie mit dem Springer Verlag bietet uns die Möglichkeit, deutlich mehr Menschen zu erreichen. Uns war und ist dabei bewusst, dass es bei Publikationen in der Natur der Sache liegt, nicht unmittelbar auf individuelle Fragen und Beispiele der Leserinnen und Leser eingehen zu können. Wir haben es daher als unsere wesentliche Aufgabe angesehen, das von uns zusammengestellte Wissen zu unterschiedlichen Themen der Kommunikation so anschaulich und nah an dem, was in Seminaren und Trainings möglich ist, zu vermitteln. Drei wesentliche Elemente prägen dazu unsere Lehrbücher:

- Ein ansprechender und angenehm zu lesender Schreibstil. – Lehrbücher vermitteln Wissen. Dieses Wissen so in Worte zu fassen, dass es den Leserinnen und Lesern Freude macht, war unser erstes Ziel.
- Anschaulich entwickelte Fallbeispiele. – Der Kern des zu vermittelnden Wissens ist im Lehrbuch auf den Punkt zu bringen. Unsere Fallbeispiele, die häufig auch zum Schmunzeln oder sogar Lachen anregen, lenken den Fokus, indem sie abstraktes Wissen in alltäglichen Situationen in nachvollziehbares Handeln übersetzen.
- Unmittelbare Reflexion des Gelernten. – Kommunikation ist etwas Alltägliches. Damit ist Kommunikation grundsätzlich jederzeit für jeden zugänglich. Wir regen die Leserinnen und Leser im Verlauf der Lektüre unserer Lehrbücher gezielt an, das gerade Gelesene in ihrer eigenen Umwelt zu erfahren und zu erproben.

Ergänzend zu diesem Lehrbuch finden Sie zur Wissensüberprüfung Fragen und Antworten sowie Lernkarten zu den wichtigsten Begriffen in der Springer-Nature-Flashcards-App, die in den bekannten Appstores für die Betriebssysteme iOS und Android heruntergeladen werden kann.

Wir wünschen Ihnen eine interessante und gewinnbringende Lektüre.

Ulf Lubienetzki
Hamburg, Deutschland

Heidrun Schüler-Lubienetzki
Hamburg, Deutschland

Mai 2020

Inhaltsverzeichnis

Über die Autoren

Ulf Lubienetzki

arbeitet seit mehreren Jahren als Berater, Business Coach und Trainer mit Fach- und Führungskräften unterschiedlicher Branchen zusammen. Zusätzlich verfügt er über mehr als 20 Jahre Erfahrung als Führungskraft bis zur Ebene der Geschäftsleitung in verschiedenen nationalen und internationalen Managementberatungsfirmen. Ulf Lubienetzki ist Diplom-Ingenieur und studierte Sozialpädagogik sowie Soziologie. In den von ihm verfassten Ratgebern sowie Fach- und Lehrbüchern bringt er anschaulich seine vielfältigen praktischen Erfahrungen aus der Arbeit mit seinen Kundinnen und Kunden ein.

Heidrun Schüler-Lubienetzki

ist seit mehr als zwei Jahrzehnten als Business Coach, Führungskräftetrainerin, Unternehmensberaterin und Moderatorin tätig. Heidrun Schüler-Lubienetzki ist Diplom-Psychologin mit dem Schwerpunkt Personal- und Organisationsentwicklung sowie Gesprächstherapeutin. In mehr als zwei Jahrzehnten arbeitete sie bereits mit mehreren tausend Fach- und Führungskräften bis auf Vorstandsebene zusammen. Als Autorin von Ratgebern sowie Fach- und Lehrbüchern gibt sie ihr Wissen und ihre Erfahrungen weiter.

Beide Autoren führen gemeinsam die Firma entwicklung GbR in ihrem Coachinghaus in Hamburg-Rahlstedt. entwicklung GbR steht für

- Coaching von Fach- und Führungskräften,
- Individual- und Teamtraining sowie
- Beratung bei Veränderungsprozessen in Organisationen.

Gemeinsam mit ihren Klienten arbeitet entwicklung GbR daran, die persönliche Leistungsfähigkeit von Fach- und Führungskräften zu erhalten und zu steigern, leistungsbereite und leistungsfähige Teams zu entwickeln, Ressourcenverschwendung durch dysfunktionale Konflikte zu reduzieren sowie Veränderungen kompetent zu beraten und zielführend zu begleiten.

Haben Sie Fragen oder benötigen Sie Informationen zu einem persönlichen Coaching, zu Seminaren oder Trainings, so finden Sie unter ▶ http://www.entwicklung-hamburg.de ein breites Informationsangebot.

Für Fragen, Rückmeldungen oder Anregungen stehen wir Ihnen gerne per E-Mail zur Verfügung: ▶ info@entwicklung-hamburg.de.

Einführung

Inhaltsverzeichnis

Die Ausführungen in diesem Kapitel basieren auf folgendem Studienbrief: Lubienetzki, U. & Schüler-Lubienetzki, H. (2016). SAG MAL: WO GEHT'S LANG UND WIE KOMMEN WIR DAHIN? MODERATION. Studienbrief der Hochschule Fresenius online plus GmbH. Idstein: Hochschule Fresenius online plus GmbH.

1

Beginnen wir mit einer guten Nachricht: Die Grundlagen zur menschlichen Kommunikation, die Sie beispielsweise in den Büchern „Was wir uns wie sagen und zeigen. Menschliche Kommunikation." (Lubienetzki und Schüler-Lubienetzki 2020b) und „Lass uns miteinander sprechen. Gesprächsführung." (Lubienetzki und Schüler-Lubienetzki 2020a) über menschliche Kommunikation kennenlernen können, gelten auch dann, wenn mehr als zwei Menschen, also Gruppen, miteinander kommunizieren. Etwas Wasser müssen wir aber dennoch in den Wein gießen, denn mit einer steigenden Anzahl von Menschen steigt auch die Komplexität der Kommunikation. Lassen wir sämtliche anderen Faktoren weg, so zeigt allein schon die Überlegung, dass jedes Gruppenmitglied zu jedem anderen Gruppenmitglied eine spezifische Beziehung besitzt, das Ausmaß der Komplexität. Bei fünf Menschen gibt es bereits zehn Beziehungskombinationen und bei zehn Menschen sind es 45 Kombinationen – natürlich vorausgesetzt, dass die in Beziehung stehenden Menschen ihre Beziehung gleich definieren. Damit Gruppen erfolgreich kommunizieren können, gibt es verschiedene Möglichkeiten die Kommunikation zu unterstützen.

Eine Möglichkeit, mit dieser Komplexität umzugehen, wäre sicherlich, die Kommunikation sehr strikt zu reglementieren. In diesem Fall würde nur das kommuniziert, was regelkonform ist. Ein Beispiel ist der sehr formal ablaufende und geregelte Sprechfunkverkehr im Bereich der Flugsicherheit. Durch eine solche Regelung geht alles in der Kommunikation verloren, was nicht regelkonform ist, was wiederum der Idee der konstruktiven und kreativen Zusammenarbeit von Gruppen widersprechen würde.

Eine weitere Unterstützungsmöglichkeit besteht darin, der Gruppe eine Leitung zu geben. Diese hat dann unter anderem die Aufgabe, die Kommunikation der Gruppenmitglieder (z. B. das Meeting einer Abteilung) zu steuern. Je nach Ausgestaltung der Leitungsfunktion, lässt diese Variante deutlich mehr Kreativität und Engagement der Gruppenmitglieder zu als eine strikt geregelte Zusammenarbeit. Dennoch besteht die Gefahr, dass die Arbeitsergebnisse sehr von der Person mit Leitungsfunktion bestimmt werden und im Prozess in der Gruppe vorhandene Ressourcen ungenutzt bleiben.

Um wirklich das gesamte Wissen und Können sowie sämtliche in einer Gruppe vorhandenen Erfahrungen nutzen zu können, sollten die Gruppenmitglieder jedoch frei und gleichberechtigt in der inhaltlichen Arbeit sein. Eine solche Chance bietet die moderierte Zusammenarbeit. Die Moderation mit ihren Verfahren und Methoden zielt dabei darauf ab, den Gruppenprozess zu unterstützen, ohne dabei die inhaltliche Arbeit der Gruppe einzuschränken oder andere Vorgaben zu machen. Der Moderator bzw. die Moderatorin ist inhaltlich neutral und fühlt sich als Unterstützer oder sogar Dienstleister der Interessen der Gruppe und ihrer zielgerichteten Arbeit.

Sie werden im Verlauf dieses Buches erkennen, dass die Begriffe Moderatorin und Moderator heutzutage oft inflationär und nicht dem vorgenannten Rollenverständnis entsprechend benutzt werden. Ein Fernsehmoderator, der in seiner Sendung Gäste in eine für sie schwierige Lage bringt, sich und seine persönliche Meinung in den Vordergrund spielt und eher darauf bedacht ist, die Zuschauer zu unterhalten als seine Gäste zu unterstützen, verhält sich entgegen dem Rollen-

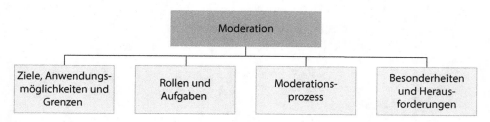

Abb. 1.1   Das Buch im Überblick

verständnis eines Moderators. Sicherlich wird dieses unzweckmäßige Rollenverständnis seinen Anteil daran haben, dass wir Zuschauer uns häufig fragen, was in einer politischen Talkshow am Ende eigentlich herausgekommen ist – oder dass wir wissen, warum nichts herauskommen konnte.

Lassen Sie uns nun gemeinsam ansehen, was Moderation ausmacht, wie Moderation gestaltet wird und wie Gruppen unterschiedliche Aufgaben bewältigen und Ziele erreichen, die sie ohne Unterstützung niemals hätten erfolgreich bearbeiten können.

Die einzelnen Kapitel dieses Buchs sehen Sie in ◘ Abb. 1.1 im Überblick.

Wir werden das Thema „Moderation" unter verschiedenen Blickwinkeln beleuchten: Zunächst geht es um das „Wofür" und auch um das „Wofür nicht" (► Kap. 2). Danach um die verschiedenen Beteiligten, deren Aufgaben (► Kap. 3) und den Moderationsprozess (► Kap. 4). Schließlich sehen wir uns noch besondere Formate und Herausforderungen an (► Kap. 5).

Literatur

Lubienetzki, U., & Schüler-Lubienetzki, H. (2020a). *Lass uns miteinander sprechen. Psychologie der erfolgreichen Gesprächsführung*. Heidelberg: Springer.
Lubienetzki, U., & Schüler-Lubienetzki, H. (2020b). *Was wir uns wie sagen und zeigen. Psychologie der menschlichen Kommunikation*. Heidelberg: Springer.

Moderation?! Was ist das?

Begriffsabgrenzung, Ziele und Grenzen der Moderation

Inhaltsverzeichnis

Die Ausführungen in diesem Kapitel basieren auf folgendem Studienbrief: Lubienetzki, U. & Schüler-Lubienetzki, H. (2016). SAG MAL: WO GEHT'S LANG UND WIE KOMMEN WIR DAHIN? MODERATION. Studienbrief der Hochschule Fresenius online plus GmbH. Idstein: Hochschule Fresenius online plus GmbH.

© Springer-Verlag GmbH Deutschland, ein Teil von Springer Nature 2020
U. Lubienetzki, H. Schüler-Lubienetzki, *Sag mal: Wo geht's lang und wie kommen wir dahin?*, Psychologie für Studium und Beruf, https://doi.org/10.1007/978-3-662-61831-8_2

2

Bereits wenn zwei Menschen miteinander kommunizieren, kann es sehr komplex zugehen. Kommuniziert eine Gruppe von Menschen, steigt die Komplexität noch einmal deutlich an. Gerade in professionellen Zusammenhängen ist es alltäglich, dass Gruppen zielgerichtet zusammenarbeiten müssen. Die Spanne der in Unternehmen anzutreffenden Gruppen reicht dabei von strikt in Arbeitsprozessen reglementierten Arbeitsbeziehungen bis hin zu sehr freien Expertengruppen, die gemeinsam ein Problem lösen sollen. Je weniger Regeln dabei für die Zusammenarbeit aufgestellt sind, desto höher sind der Kommunikationsbedarf und die Komplexität der Zusammenarbeit. Die Moderation eröffnet die Chance, Gruppen zu unterstützen und zu befähigen, zielgerichtet zusammenzuarbeiten und die kommunikative Komplexität zu beherrschen.

🔘 **Nach eingehender Lektüre dieses Kapitels können Sie ...**
- **definieren**, was unter Moderation zu verstehen ist.
- die **Ziele** von Moderation darlegen.
- erläutern, unter welchen **Umständen** Moderation zielführend genutzt werden kann.
- die **Probleme** benennen, welche in der Gruppenarbeit auftreten können.
- erklären, aus welchen Schritten sich der **Moderationsprozess** zusammensetzt.

2.1 Grundlagen, Begriffe und Definitionen

Es gibt Begriffe, die begegnen uns fast jeden Tag. **Moderation** sowie der zugehörige Mensch, die *Moderatorin* bzw. der *Moderator*, sind sicherlich solche Begriffe. So gibt es Moderatorinnen bzw. Moderatoren im Fernsehen oder Radio, Chats im Internet werden moderiert, und im professionellen Umfeld sind moderierte Workshops, Sitzungen, Arbeitsgruppen und vieles mehr anzutreffen. Führungskräfte sollen nicht nur führen, sie sollen auch Moderatorin bzw. Moderator für ihr Team sein. Auch Konflikte werden moderiert bearbeitet. Die Liste ließe sich sicherlich noch weiter fortsetzen.

Fragen wir in diesem Zusammenhang nach der Bedeutung des Wortes *Moderation*, sind die Definitionen ähnlich vielfältig, wie bereits die folgende Zusammenstellung von Zitaten zeigt:

1. „Moderation ist die Beobachtung und die Anregung zur Entwicklung der Kommunikation sowie der Reflexion über die Wahrnehmungsformen und Interaktionen in Gruppen von Entscheidern, um die dort vorhandenen Ressourcen zur Bewältigung von Komplexität zu nutzen sowie auftretende Konflikte zu regeln, mit dem Ziel, gemeinsame und sachgerechte Entscheidungen zu treffen und kollektive Handlungsfähigkeit herzustellen." (Freimuth 2010, S. 4–5)
2. „Die Methode der Moderation ist ein Handwerk, eine Kunst, das Gespräch zwischen Menschen sinnvoll und ergebnisreich zu gestalten." (Klebert et al. 2002, S. 15)
3. „Moderation ist ein Ansatz, mit dem die Kommunikation in Gruppen so strukturiert werden kann, dass die Ressourcen aller Teilnehmenden in optimaler Weise dem Arbeitsprozess der Gruppe zur Verfügung gestellt werden. Durch die Partizipation aller Teilnehmenden an Entscheidung, Zielsetzung und Um-

setzung wird ein hoher Identifikationsgrad der Beteiligten mit den anzustreben-
den Zielen erreicht." (Graeßner 2008, S. 9)

4. „Bei der Moderation handelt es sich [...] um eine Methode, mit der Arbeitsgruppen unterstützt werden können, ein Thema, ein Problem oder eine Aufgabe,
   - auf die Inhalte konzentriert, zielgerichtet und effizient,
   - eigenverantwortlich,
   - im Umgang miteinander zufriedenstellend und möglichst störungsfrei
   - sowie an der Umsetzung in die alltägliche Praxis orientiert zu bearbeiten."
   (Hartmann et al. 1999, S. 16)

Ob Moderation eine Kunst, ein Handwerk, ein Ansatz oder eine Methode ist, steht
aus unserer Sicht dabei nicht im Vordergrund. Auch muss die Definition aus unserer Sicht noch nichts zu den Inhalten von Moderation (u. a. das Verfügbarmachen
von Ressourcen, das Regeln von Konflikten oder das Bearbeiten von Themen und
Aufgaben) enthalten. Folgende kurze Definition, angelehnt an die oben genannten
Definitionen, beschreibt aus unserer Sicht den Kern der Moderation:

> **Definition**
>
> **Moderation** unterstützt zielgerichtet die Kommunikation von Menschen in Grup-
> pen (vgl. Freimuth 2010; Klebert et al. 2002; Graeßner 2008; Hartmann et al. 1999).

Dabei verstehen wir – analog zu Graeßner (2008) – Moderation als einen Prozess,
für dessen Gestaltung die Moderatorin bzw. der Moderator die Verantwortung
trägt. Die inhaltliche Gestaltung der Arbeitsergebnisse obliegt der (Arbeits-)
Gruppe (Graeßner 2008; Funcke und Havenith 2010). In Analogie zur chemischen
Reaktion konstatieren Funcke und Havenith (2010, S. 12): „Moderation wirkt ka-
talytisch." Auch Graeßner bezeichnet die Moderatorin/den Moderator als „**Katalysator** des Gruppenprozesses" (2008, S. 24).

> **Definition**
>
> Ein **Katalysator** ist ein „Stoff, der chemische Reaktionen herbeiführt oder beein-
> flusst, selbst aber unverändert bleibt." (Bibliographisches Institut GmbH 2020)

Die methodischen Grundlagen der Moderation wurden in den späten 1960er-Jah-
ren gelegt. Dabei ging es um die erfolgreiche Kommunikation in Gruppen von Ent-
scheiderinnen/Entscheidern und Fachleuten, die immer komplexere Herausforderungen gemeinsam zu lösen hatten (Freimuth 2010).

Auch in Gruppen gelten die fünf Axiome menschlicher Kommunikation von
Watzlawick et al. (1967/2011). Das hieraus resultierende erweiterte Kommunikati-
onsmodell gilt in der gesamten Gruppe und in jeder Kombination von zwei Gruppenmitgliedern (Watzlawick et al. 1967/2011). Die Möglichkeiten von Missverständ-
nissen, Störungen oder Konflikten und damit auch deren Eintrittswahrscheinlichkeit

2

steigen folglich mit der Größe der Gruppe. Wir werden im weiteren Verlauf dieses Buches auch immer wieder auf die Grundlagen menschlicher Kommunikation sowie der Gesprächsführung zurückkommen (vgl. hierzu Lubienetzki und Schüler-Lubienetzki 2020a, b).

Moderation ist eine Möglichkeit, um menschliche Kommunikation in Gruppen zielgerichtet zu unterstützen und damit erfolgreich zu gestalten. Bevor wir uns damit beschäftigen, wie der Moderationsprozess im Detail abläuft, gehen wir der Frage auf den Grund, welche Zielsetzungen mit Moderation realistisch erreichbar sind und wo Moderation ihre Grenzen hat.

2.2 Ziele und Grenzen von Moderation

Kommunikation ist dann erfolgreich, wenn ihre Zielsetzung erreicht wird. Moderation hat in diesem Zusammenhang das Ziel, die Kommunikation in Gruppen erfolgreich zu gestalten. Neben der Moderation gibt es jedoch noch andere Möglichkeiten, um die Kommunikation in Gruppen zu unterstützen (z. B. die Leitung oder die Beratung). Schauen wir uns aber zunächst die Herausforderungen der Kommunikation in Gruppen detaillierter an. Im Anschluss wird uns dann die Frage beschäftigen, wann Moderation geeignet ist, mit diesen Herausforderungen umzugehen und wann eine andere Unterstützungsmöglichkeit eher zielführend ist.

Angelehnt an Freimuth stehen Gruppen vor verschiedenen kommunikativen **Herausforderungen** (Freimuth 2010):

1. Da sich nur eine Teilnehmerin/ein Teilnehmer gleichzeitig äußern kann, ist die Möglichkeit von **Beiträgen** begrenzt. In wenig strukturierten Diskussionen sind bis zu 60 Wortbeiträge pro Stunde möglich. Je anspruchsvoller und konfliktträchtiger das Thema ist, desto länger werden die einzelnen Beiträge und desto weniger Beiträge sind in der Stunde möglich. Die Ressourcen der schweigenden Teilnehmenden werden in diesem Augenblick nicht genutzt.
2. Unstrukturierte und nicht visualisierte Beiträge können dazu führen, dass der „rote Faden" verloren geht oder sich in Nebendiskussionen verliert. Jede Teilnehmerin und jeder Teilnehmer hat ihre/seine eigene Haltung, Interessen und Agenda. Hierdurch entsteht die Gefahr, dass Einzelne die Diskussion dominieren und ihre Themen entsprechend besetzen.
3. **Zurückhaltende** oder auch neue Teilnehmende kommen wahrscheinlich weniger zu Wort. Ihre Persönlichkeit oder auch ein Wissensdefizit erschwert es ihnen, zu Wort zu kommen.
4. Die **Ergebnisse** der Diskussion können ohne entsprechende Dokumentation verloren gehen. (Parteiische) Teilnehmende könnten die Diskussionsergebnisse nach ihrer jeweiligen Haltung und Bewertung „eingefärbt" dokumentieren.
5. Das **kreative Potenzial** von Gruppen könnte nicht nutzbar gemacht werden. Unterschiedliches Wissen sowie unterschiedliche Erfahrungen und Perspektiven stehen in unstrukturierten und nicht dokumentierten Diskussionen nur sehr eingeschränkt zur Verfügung.
6. Die **Entscheidungsfindung** in Gruppen könnte in der Diskussion blockiert werden. Gerade wenn es darauf ankommt, dass viele unterschiedliche Sichtweisen

und Ideen zunächst gesammelt und anschließend ausgewertet werden sollen, könnte es in der Gruppe zu einer Lagerbildung und Positionsdiskussionen kommen. Dabei könnten Konflikte ausbrechen und die Fähigkeit zur Einigung würde eingeschränkt oder ginge gänzlich verloren.

7. Ähnlich wie bei der Entscheidungsfindung können **Einigungsprozesse** in Gruppen einerseits eskalieren und zu Konflikten werden oder andererseits dazu führen, dass ein Teil der Gruppe die Meinungsführerschaft übernimmt und der Rest sich passiv verhält. Resultiert die Passivität in der Gruppe nicht auf Akzeptanz, wird sich die fehlende Akzeptanz voraussichtlich zu einem späteren Zeitpunkt Bahn brechen.

Vielen der von Freimuth genannten Herausforderungen könnte durch eine Person, die die Leitung der Gruppe übernimmt, wahrscheinlich begegnet werden. Durch eine formelle oder auch informelle Leitung entstehen jedoch andere Probleme, die sich angelehnt an Graeßner (2008) wie folgt darstellen:

1. Die Diskussion wird häufig von der Leitung **dominiert**. Die Teilnehmenden versuchen, die Erwartungen der Leitung zu erfüllen – unabhängig davon, inwieweit sie Entscheidungen tatsächlich mittragen. In ihnen entsteht ein Gefühl der Ohnmacht; eigene Ideen werden nicht in der Gruppe, sondern in anderen Konstellationen (z. B. im anschließenden Flurgespräch) zur Sprache gebracht.

2. Diskussionen werden auch gegen Widerstand abgekürzt, indem die Leitung **Entscheidungen** verkündet. Ergebnissen fehlt dadurch die Nachvollziehbarkeit und Akzeptanz. Auch gehen Ideen und weitere Potenziale verloren, wenn das Wissen und die Erfahrungen von Teilen der Gruppe ungenutzt bleiben.

▶ **Fallbeispiel**

Herr Meier wurde von seinem Geschäftsführer Ralf Schmidt mit seinem abwertenden Verhalten den Auszubildenden gegenüber konfrontiert. Zuerst konnte er die Kritik nicht nachvollziehen, doch schließlich räumte er ein, dass er an der einen oder anderen Stelle vielleicht etwas „von oben herab" aufgetreten ist. Als Möglichkeit, die Zusammenarbeit mit den Auszubildenden zukünftig besser zu gestalten, vereinbarten beide, dass Herr Meier mit den Auszubildenden ein Meeting veranstaltet, in dem die zukünftigen Eckpunkte der Zusammenarbeit entwickelt werden sollten.

Also rief Herr Meier die Auszubildenden am nächsten Tag zusammen. Vorher hatte er sich genau überlegt, was er wollte. Gewisse Regeln mussten sein. Dazu gehörte, dass die Auszubildenden Ordnung hielten, pünktlich waren und ihre Aufgaben so erfüllten, wie er es ihnen vorgab. Der Tonfall untereinander konnte sicherlich freundlicher sein – er würde sich schon zusammenreißen. Auch wollte er die Auszubildenden fragen, welche Vorschläge für eine bessere Zusammenarbeit sie hätten.

Das Meeting verlief so, wie Herr Meier es geplant hatte. Er brachte seine Punkte vor. Die Auszubildenden stimmten ihm zu bzw. widersprachen ihm nicht. Neue oder zusätzliche Vorschläge hatten sie scheinbar nicht, jedenfalls sagte niemand etwas. Insgesamt dauerte das Ganze nicht einmal eine halbe Stunde. „Wirklich effizient", dachte Herr Meier. Im Anschluss an das Meeting war er froh, dass das Thema überstanden war. Er

2

fand es schon etwas eigenartig, dass einige der Auszubildenden gar nichts gesagt hatten. Aber er hatte mehrfach nachgefragt und jeder hatte seine Chance.

Als Herr Meier seinem Geschäftsführer von dem Meeting erzählte, war Ralf Schmidt nicht so zufrieden wie er selbst. Hinterher fragte er sich, was Ralf Schmidt wohl damit meinte, als er sagte „Vielleicht kommen wir mit einer Moderatorin oder einem Moderator weiter." „Ich habe die Auszubildenden doch planmäßig durch das Meeting geführt, was soll denn ein Moderator noch bringen?", dachte er. ◄

? **Reflexionsaufgabe**
Versetzen Sie sich bitte in das geschilderte Meeting der Auszubildenden und beantworten folgende Fragen dazu: Wie hätten Sie sich an Stelle einer bzw. eines Auszubildenden in der Situation gefühlt? Was hätten Sie sich in dem Meeting zur Gestaltung der zukünftigen Zusammenarbeit gewünscht? Wie hätte Herr Meier sich verhalten sollen?

Lassen Sie uns nun einmal systematisch untersuchen, wann eine Moderation das Mittel zum Zweck ist, um die Kommunikation in Gruppen zu unterstützen. Sie werden sehen, dass es gute Gründe geben kann, in Gruppen die von Herrn Meier gewählte Variante der Leitung einzusetzen. Im genannten Beispiel mit der Zielsetzung, die Auszubildenden einzubinden, war diese aber offensichtlich nicht sehr zweckmäßig.

Angelehnt an Graeßner (2008) und Freimuth (2010) hat die Moderation folgende **Zielsetzungen** in der Arbeit mit Gruppen:
1. **Entscheidungen** finden – Transparenz und Verständigung über sowie Auswahl von Handlungsalternativen
2. **Kommunikation** unterstützen – zielgerichtete Förderung des Austausches sowie Bearbeitung von Konflikten
3. Vorhandene **Potenziale** nutzen – zur Kreativität anregen sowie Wissen und Kompetenzen einbinden
4. Motivation und **Zufriedenheit** fördern – gemeinsame Lösungen finden und Ergebnisse erarbeiten

Freimuth nennt neben der Moderation andere Möglichkeiten und Konzepte, um Gruppenarbeit zielgerichtet zu unterstützen. Je nach Grad der Komplexität der zu bewältigenden Aufgaben sowie des Betroffenheitsgrades der Gruppenmitglieder können Entscheidungen durch die Führung, ein Projektmanagement, ein Konfliktmanagement sowie ein Changemanagement eingesetzt werden (Freimuth 2010, S. 10) (siehe ◘ Abb. 2.1).

Moderation stößt immer dann an ihre Grenzen, wenn die Komplexität des zu lösenden Problems sehr hoch ist und/oder die Interessen der Gruppenmitglieder sehr stark betroffen sind. Bei hoher Komplexität ist zunächst das **Management** des Problems oder der Aufgabe (z. B. die Vorbereitung einer komplexen Entscheidung zum weiteren Vorgehen im Rahmen des Projekt- oder Changemanagements) erforderlich.

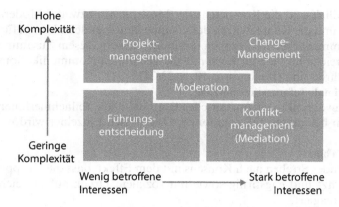

Abb. 2.1 Möglichkeiten und Konzepte zur Unterstützung der Arbeit in Gruppen. Die Moderation nimmt in den Spannungsfeldern von Aufgabenstellungen mit geringer und hoher Komplexität sowie des Grades der Betroffenheit der Gruppenmitglieder zwischen wenig und stark betroffenen Interessen eine mittlere Position ein. Extreme Ausprägungen der Spannungsfelder können auf anderen Wegen oder mit anderen Methoden in der Regel zielführender bearbeitet werden. (Quelle: Eigene Darstellung in Anlehnung an Freimuth 2010, S. 10)

> **Definition**
>
> Das **Management** umfasst „Tätigkeiten, die von Führungskräften in allen Bereichen der Unternehmung […] in Erfüllung ihrer Führungsaufgabe (Führung) zu erbringen sind. Häufig wird hier zwischen Plan, Realisierung und Kontrolle differenziert." (Springer Gabler Verlag o. J.)

Sind der Komplexitätsgrad und die Betroffenheit eher gering, kann die Führungskraft entscheiden und die Gruppenmitglieder über ihre Entscheidung informieren bzw. entsprechende Arbeitsanweisungen geben. Ist die Betroffenheit bei geringer Komplexität hoch, sind Konflikte wahrscheinlich, die zu managen sind (Freimuth 2010).

Auch Graeßner (2008, S. 19) weist darauf hin, dass Moderation „kein Allheilmittel" ist und bemerkt, dass die Arbeitsumgebung und die Arbeitsbedingungen nicht durch Moderation beeinflusst werden können. Eine sehr ausgeprägte hierarchische Struktur, ein konfliktträchtiges Umfeld oder auch eine unsichere Arbeitsumgebung sind Beispiele, die dem erfolgreichen Einsatz von Moderation entgegenwirken (Graeßner 2008).

Auch wenn die Voraussetzungen für den erfolgreichen Einsatz von Moderation gegeben sind, gibt es keine Erfolgsgarantie. Kommunikation kann aus verschiedenen Gründen misslingen. Beispielsweise kann die Beziehung der Menschen untereinander unklar oder gestört sein, die persönlichen Haltungen zueinander oder zum Thema können förderlich oder hemmend sein oder Menschen gehen aus unterschiedlichen persönlichen Motiven in den Widerstand (vgl. Lubienetzki und Schüler-Lubienetzki 2020a, b).

2

Letztendlich sind die Kompetenz der Moderatorin bzw. des Moderators sowie das Wissen und die Kompetenzen der Gruppe limitierende Faktoren für die moderierte Zusammenarbeit in Gruppen. Freimuth weist in diesem Zusammenhang auf Problembereiche hin, die im Kern auf die genannten Kommunikationsstörungen zurückzuführen sind (Freimuth 2010, S. 23/24):

1. **„Suboptimale Informationsnutzung"**
   Der Schwerpunkt des Austausches liegt auf allen Teilnehmerinnen und Teilnehmern bekannten Informationen. Das Wissen Einzelner wird nur zögerlich genutzt.
2. **„Group Think"**
   Ausuferndes Streben nach Konsens mit dem Effekt, dass die Gruppe sich selbst überschätzt und engstirnig sowie mit sozialem Druck auf abweichende Meinungen reagiert.
3. **„Entrapment"**
   In späten Phasen der Entscheidungsfindung – nachdem von der Gruppe und jedem Einzelnen bereits viel persönliches Engagement investiert wurde – ist die Gruppe gefangen in ihren bisherigen Ergebnissen. Sie ist nicht bereit, trotz Nachteilen, Fehler einzugestehen und hält beharrlich an dem eingeschlagenen Weg fest.
4. **„Entscheidungsautismus"**
   Die Gruppe strebt danach, sich selbst zu bestätigen und verschließt den Blick für weitere Optionen.

? **Reflexionsaufgabe**
Bitte denken Sie an eigene Erlebnisse im Zusammenhang mit moderierten Gruppen. Gab es Sitzungen, deren Arbeitsergebnis hinter Ihren Erwartungen zurückblieb? Untersuchen Sie ein solches Erlebnis bitte näher. Woran könnte es gelegen haben, dass das Arbeitsergebnis Ihre Erwartungen nicht erfüllt hat?

2.3 Moderation als Prozess

Wir hatten uns zu Beginn dieses Buches mit verschiedenen Definitionen von Moderation befasst. Von verschiedenen Autorinnen und Autoren wird Moderation als *Kunst*, als *Handwerk*, als *Ansatz* oder auch als *Methode* bezeichnet. Nach unserer vorgeschlagenen Definition unterstützt Moderation die zielgerichtete Kommunikation in Gruppen. Sie steht der Gruppe auf ihrem Weg zum Ziel zur Seite und kann aus unserer Sicht daher als unterstützender **Prozess** aufgefasst werden. Der Prozess beginnt mit der Entscheidung zur Moderation und endet mit dem Abschluss der Moderation sowie deren Nachbereitung.

Wir lehnen unsere Prozessschritte in ▪ Abb. 2.2 an den Prozess zur „Planung, Vor- und Nachbereitung" von Moderation bei Freimuth (2010, S. 61 ff.) an:

Der Moderationsprozess wird von drei Beteiligten getragen. Die Auftraggeberin/der Auftraggeber trifft die Entscheidung für die Moderation und schließt den Vertrag mit der Moderatorin/dem Moderator. Die Moderatorin oder der Moderator bereitet die Moderation vor. Anschließend folgt die eigentliche moderierte

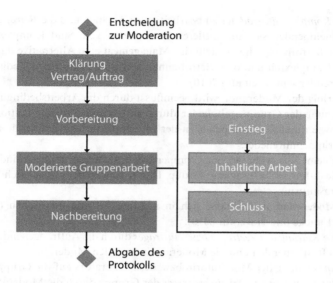

Abb. 2.2 Der Moderationsprozess. Der Moderationsprozess besteht aus den vier Schritten „Klärung des Vertrages bzw. des Auftrages", „Vorbereitung der Moderation", der Moderation selbst und der Nachbereitung der Moderation. Der Prozess startet mit der Entscheidung für die Moderation und endet in aller Regel mit der Abgabe des Protokolls (vgl. Freimuth 2010, S. 61 ff.)

Gruppenarbeit, in der die Moderatorin/der Moderator mit der Gruppe an der Problemstellung arbeitet. Abschließend bereitet die Moderatorin/der Moderator die Moderation nach und gibt ein Protokoll ab.

So viel zum ersten Überblick über den Prozess. In ► Kap. 3 befassen wir uns mit den Prozessbeteiligten und in ► Kap. 4 werden wir detailliert auf die einzelnen Prozessschritte eingehen.

Zusammenfassung in Schlagworten

- Moderation begegnet uns im Alltag in verschiedenen Situationen. Ebenso **vielfältig** sind die Definitionen von Moderation.
- In diesem Buch bezeichnet **Moderation** die *zielgerichtete Unterstützung* der Kommunikation in *Gruppen*. Die Moderatorin bzw. der Moderator gestaltet dabei den **Prozess**, mischt sich aber *nicht inhaltlich* ein.
  - Die Moderatorin oder der Moderator kann in ihrer Rolle mit einem **Katalysator** verglichen werden.

- Moderation **ermöglicht** Gruppen, Probleme und Konflikte zu *lösen* sowie die eigene Arbeit und Interaktion zu *reflektieren* (Freimuth 2010).
- Moderation wird **eingesetzt, wenn** …
  - es darum geht, in Gruppen *Entscheidungen* zu treffen, Kommunikation zu *unterstützen*, *Potenziale* zu nutzen sowie die *Motivation* und Zufriedenheit zu fördern (Freimuth 2010; Graeßner 2008).

2

- der *Komplexitätsgrad* der zu bearbeitenden Themen und die *Betroffenheit* der Teilnehmenden sich im mittleren Bereich bewegen. Sind Komplexität und/ oder Betroffenheit hoch, stellt das **Management** eine Alternative dar. Bei wenig Komplexität und/oder Betroffenheit können Leitung oder Mediation zielführender sein (Freimuth 2010).

— Der **Erfolg** der Moderation wird beeinflusst durch die Arbeitsbedingungen und -umgebung der Gruppenmitglieder, durch auftretende Kommunikationsstörungen sowie durch die Kompetenzen der Moderatorin bzw. des Moderators und der Gruppenmitglieder.

- Probleme, die während der Gruppenarbeit auftreten können, sind suboptimale Informationsnutzung, Group Think, Entrapment oder auch Entscheidungsautismus.

— Der **Moderationsprozess** lässt sich in mehrere Schritte unterteilen (Freimuth 2010; Funcke und Havenith 2010):

(1) Die *Klärung des Vertrages bzw. Auftrages* durch die Auftraggebende bzw. den Auftraggebenden und die Moderatorin bzw. den Moderator.

(2) *Vorbereitung* der Moderatorin bzw. des Moderators auf die Gruppenarbeit.

(3) *Unterstützung des Arbeitsprozesses* der Gruppe durch die Moderatorin bzw. den Moderator.

(4) Die *Nachbereitung* der Gruppenarbeit durch die Moderatorin bzw. den Moderator.

Literatur

Bibliographisches Institut GmbH. (2020). *DUDEN online – Katalysator.* http://www.duden.de/rechtschreibung/Katalysator#Bedeutung1. Zugegriffen am 31.03.2020.

Freimuth, J. (2010). *Moderation.* Göttingen: Hogrefe.

Funcke, A., & Havenith, E. (2010). *Moderations-Tools. Anschauliche, aktivierende und klärende Methoden für die Moderations-Praxis.* Bonn: ManagerSeminare.

Graeßner, G. (2008). *Moderation – das Lehrbuch.* Augsburg: Ziel.

Hartmann, M., Rieger, M., & Luoma, M. (1999). *Zielgerichtet moderieren. Ein Handbuch für Führungskräfte, Berater und Trainer* (2. Aufl.). Weinheim: Beltz.

Klebert, K., Schrader, E., & Straub, W. (2002). *Moderations-Methode. Das Standardwerk.* Hamburg: Windmühle.

Lubienetzki, U., & Schüler-Lubienetzki, H. (2016). *Sag mal: Wo geht's lang und wie kommen wir dahin? Moderation* (Studienbrief der Hochschule Fresenius online plus GmbH). Idstein: Hochschule Fresenius online plus GmbH.

Lubienetzki, U., & Schüler-Lubienetzki, H. (2020a). *Lass uns miteinander sprechen. Psychologie der erfolgreichen Gesprächsführung.* Heidelberg: Springer.

Lubienetzki, U., & Schüler-Lubienetzki, H. (2020b). *Was wir uns wie sagen und zeigen. Psychologie der menschlichen Kommunikation.* Heidelberg: Springer.

Springer Gabler Verlag. (Hrsg.). (o. J.). Gabler Wirtschaftslexikon, Stichwort: Management. http://wirtschaftslexikon.gabler.de/Archiv/55279/management-v9.html. Zugegriffen am 31.03.2020.

Watzlawick, P., Beavin, J. H., & Jackson, D. D. (1967/2011). *Menschliche Kommunikation – Formen, Störungen, Paradoxien* (12. Aufl., 2011; Originalausgabe: Pragmatics of human communication. New York: Norton, 1967). Bern: Huber.

Am Moderationsprozess sind mehr als zwei Menschen beteiligt

Rollen im Moderationsprozess

Inhaltsverzeichnis

Die Ausführungen in diesem Kapitel basieren auf folgendem Studienbrief: Lubienetzki, U. & Schüler-Lubienetzki, H. (2016). SAG MAL: WO GEHT'S LANG UND WIE KOMMEN WIR DAHIN? MODERATION. Studienbrief der Hochschule Fresenius online plus GmbH. Idstein: Hochschule Fresenius online plus GmbH.

Drei Rollen bzw. Beteiligte gehören zur Moderation: eine Person definiert den Auftrag (die Auftraggeberin/der Auftraggeber), eine andere moderiert (die Moderatorin/der Moderator), und die Gruppe leistet die inhaltliche Arbeit.

3

💬 **Nach eingehender Lektüre dieses Kapitels können Sie …**

— benennen, mit welchen Fragestellungen sich eine **Auftraggeberin**/ein **Auftraggeber** auseinandersetzen sollte, bevor sie/er sich für die Durchführung einer Moderation entscheidet.

— erläutern, was unter dem Konzept der **Themenzentrierten Interaktion** (TZI) nach Ruth Cohn (1980) verstanden wird.

— die drei zentralen **Faktoren** der TZI wiedergeben und ihre Rolle im Moderationsprozess beschreiben.

— ausgehend von der TZI **Regeln** für die **Haltung** und das **Verhalten** der Moderatorin/ des Moderators sowie der Gruppenmitglieder ableiten.

— die **Rolle** und dazugehörigen **Aufgaben** einer **Moderatorin**/eines **Moderators** definieren.

— die **Struktur** von **Arbeitsgruppen** analysieren.

— erkennen, in welcher **Entwicklungsphase** sich eine Gruppe befindet.

— verschiedene **Rollen** innerhalb einer **Gruppe** differenzieren.

3.1   Die Auftraggeberin/der Auftraggeber

> ▶ **Fallbeispiel**
>
> Ralf Schmidt war überhaupt nicht zufrieden mit dem „Workshop" von Herrn Meier. Bei ihm war angekommen, dass Herr Meier den Auszubildenden seine Sicht auf eine gute Zusammenarbeit deutlich gemacht hat und die Auszubildenden seine Vorschläge schweigend zur Kenntnis genommen haben. Eine echte Aussprache und gemeinsame Entscheidungsfindung hatten nicht einmal im Ansatz stattgefunden. Sein spontan ge-äußerter Entschluss stand fest: mithilfe einer Moderatorin oder eines Moderators sollte ein „richtiger" Workshop mit den Auszubildenden durchgeführt werden. ◄

Die wichtigste Aufgabe der Auftraggeberin bzw. des Auftraggebers besteht darin, die Entscheidung über die Durchführung einer Moderation zu treffen und die Moderatorin/den Moderator zu beauftragen. Um diese Entscheidung treffen zu können, sollte die Auftraggeberin/der Auftraggeber klären, inwieweit die zu besprechenden Themen und Probleme für eine Moderation geeignet sind, ob eine Moderation zur Unternehmens- und Arbeitskultur passt, welche Ziele die Moderation hat und welchen Handlungsspielraum die Gruppe besitzt. Besteht Klarheit über diese Fragen, fehlt nur noch die Moderatorin/der Moderator. Die Anforderungen an die Moderation sind zu formulieren und anhand dieser wird die geeignete Moderatorin bzw. der geeignete Moderator ausgewählt (Freimuth 2010).

Sehen wir uns die vorbereitenden Fragestellungen der **Auftraggeberin/**des **Auftraggebers** in Anlehnung an Freimuth (2010) sowie Hartmann et al. (1999) einmal näher an:

1. **Eignung der Themenstellung**
   Moderation in der Zusammenarbeit von Gruppen bedeutet, dass ergebnisoffen gearbeitet wird. Die Lösung entsteht im moderierten Gruppenprozess. Daher sind für die Moderation besonders Themen geeignet, deren Lösung einen größeren Handlungsspielraum zulässt. Da alle Gruppenmitglieder an der Lösung beteiligt sind, steht ein Mehr an Informationen zur Verfügung. Grundsätzlich sind sämtliche Gruppenmitglieder im Prozess mitzunehmen, so dass die Verarbeitung der Informationen ein entsprechendes zeitliches Kontingent benötigt. Kurz gefasst: Je größer der Handlungsspielraum, je mehr Informationen und je länger der zeitliche Horizont, desto eher ist ein Thema für Moderation geeignet.

2. **Passung mit der Unternehmens- und Arbeitskultur**
   Moderation bedeutet, dass einer Gruppe größere Handlungs- und Entscheidungsräume gegeben werden bzw. umgekehrt, dass einzelne Entscheidungsträger explizit auf Macht verzichten. In der Gruppe sind alle Teilnehmenden gleichberechtigt – formale bzw. hierarchische Positionen haben in moderierten Gruppen keine Bedeutung. Schließlich muss der Gruppe ausreichend Zeit zur Verfügung stehen, um die Problemstellungen zu bearbeiten. Kurz gefasst: Die Kultur der Organisation sollte zulassen, dass Entscheidungsträger auf Macht verzichten und Entscheidungen tatsächlich bei der Gruppe liegen sowie dass die Gruppenmitglieder gleichberechtigt sind und ausreichend Zeit zur Verfügung steht.

3. **Bestimmung von Zielen und Handlungsspielräumen**
   Moderation ist die zielgerichtete Unterstützung der Zusammenarbeit in Gruppen. Damit Moderation wirken kann, müssen von der Auftraggeberin/ vom Auftraggeber die Ziele der Gruppenarbeit festgelegt werden. Es gilt, das Thema hinreichend genau zu umreißen und die Kriterien vorzugeben, wann die Ziele erreicht sind. Zusätzlich benötigen die Moderatorin/der Moderator und die Gruppe einen Handlungsspielraum, der ausreichend groß sein sollte. Die Grenzen sollten so gesetzt sein, dass innerhalb dieses Rahmens tatsächlich die Chance besteht, eine Lösung zu finden. So kann der Handlungsspielraum von der bloßen Sammlung von Ideen, über die Entwicklung von verschiedenen Lösungsszenarien bis hin zur Formulierung einer Entscheidung reichen.

Die **Auswahl** der Moderatorin oder des Moderators ist Aufgabe der Auftraggeberin/des Auftraggebers. Im folgenden Abschnitt beleuchten wir die Rolle, die Qualifikation sowie die persönliche Haltung der Moderatorin/des Moderators näher. An diesem Bild kann die Personenentscheidung orientiert werden.

3

> ▶ **Beispiel: Ist Moderation für meine Situation geeignet?**
>
> — Ralf Schmidt entschloss sich, seine „Bauchentscheidung" zur Moderation zu überprüfen:
> — Es ging ihm darum, dass Herr Meier gemeinsam mit den Auszubildenden die Zusammenarbeit gestaltete.
> — Ralf Schmidt war dazu bereit, den Auszubildenden hierzu einen ausreichend großen Handlungsspielraum zu überlassen.
> — Auch wollte er vor dem Workshop intensiv mit Herrn Meier sprechen und ihm deutlich machen, dass er im moderierten Gruppenprozess nicht die Leitung hatte, sondern sich gleichberechtigt einbringen konnte. Das würde ein schwieriges Unterfangen werden, aber ihm war bewusst, dass der Gruppenprozess nur dann erfolgreich sein würde, wenn Herr Meier seine eigene Haltung entsprechend anpasste.
> — Um den ersten Schritt nicht zu groß zu wählen, sollten zunächst Ideen gesammelt werden und erste Handlungsoptionen aufgezeigt werden. Eine Entscheidung sollte erst im zweiten Schritt fallen.
> — Was außerhalb des Lösungsraumes lag, waren die arbeitsvertraglichen Grundlagen wie Vergütung oder Arbeitszeiten.
> — Ansonsten sollte die Gruppe frei arbeiten können.
> — Eine Moderatorin kannte er auch schon: seine jüngere Schwester Pia Schmidt. Sie hatte sowohl eine Mediatoren- als auch eine Moderatoren-Ausbildung und Ralf Schmidt wusste, dass sie in anderen Unternehmen bereits wahre Wunder gewirkt hatte. ◀

3.2 Die Moderatorin/der Moderator

Die Moderatorin/der Moderator unterstützt die Gruppe dabei, zielführend inhaltlich zu arbeiten. Dabei stellt die Moderatorin/der Moderator sich vollständig in den Dienst der Gruppe. Die nachfolgend dargestellte Themenzentrierte Interaktion hilft der Moderatorin/dem Moderator dabei, zu verstehen, wie Kommunikation und Zusammenarbeit in der Gruppe zielführend und letztendlich erfolgreich gestaltet werden kann. Dieses Verständnis hilft der Moderatorin/dem Moderator, ihre/seine persönliche Haltung sowie das Verhalten auf die Gruppenarbeit abzustimmen und die Erwartungen an die Rolle der Moderatorin/des Moderators zu erfüllen.

3.2.1 Themenzentrierte Interaktion

Um zu verstehen, welche persönliche Haltung in der Zusammenarbeit mit Gruppen zielführend ist, möchten wir uns zunächst mit der zielführenden Arbeit in Gruppen befassen. Ruth Cohn hat Mitte der 1950er-Jahre begonnen, hierzu eine Methode zu entwickeln: die **Themenzentrierte Interaktion**, kurz **TZI** (Cohn 1980).

⬛ Abb. 3.1 Das Dreieck der Themenzentrierten Interkation. Das Dreieck der Themenzentrierten Interaktion drückt aus, dass „Thema", „Ich" und „Wir" in Gruppenprozessen gleichberechtigt sind und ausgewogen angesprochen werden sollten. Der Globe stellt sicher, dass die Ergebnisse des Gruppenprozesses in die Realität der Gruppe passen

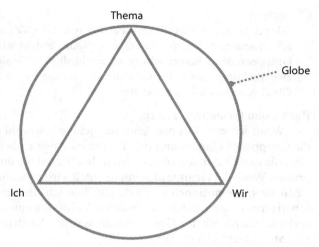

Der für manche recht sperrig klingende Begriff *Themenzentrierte Interaktion* wurde sehr bewusst von Ruth Cohn gewählt, geht es in der Methode doch darum, das Thema bzw. die Aufgabe in den Mittelpunkt der Aufmerksamkeit jeder und jedes einzelnen Beteiligten zu rücken und das Thema dann gemeinsam mit allen, also in der Interaktion miteinander, zu bearbeiten (Langmaak 1991).

Das Grundmodell der Themenzentrierten Interaktion besteht aus „**drei Faktoren**, die man sich bildlich als die Eckpunkte eines Dreiecks vorstellen könnte: 1. Das Ich, die Persönlichkeit; 2. Das Wir, die Gruppe; 3. Das Es, das Thema. Dieses Dreieck ist eingebettet in eine Kugel, die die **Umgebung** darstellt, in welcher sich die interaktionelle Gruppe trifft. Diese Umgebung besteht aus Zeit, Ort und deren historischen, sozialen und teleologischen Gegebenheiten." (Cohn 1980, S. 113 f.). Statt des Begriffs „der Umgebung" wird häufig auch im deutschsprachigen Raum der englische Originalbegriff Globe verwendet. Hieraus ergibt sich das Bild in ⬛ Abb. 3.1.

Die grundlegende Arbeitshypothese der Themenzentrierten Interaktion lautet, dass in der Zusammenarbeit und Interaktion von Gruppen die drei Faktoren „Thema", „Ich" und „Wir" – hineingestellt in den Kontext des Globe – den gleichen Stellenwert besitzen. Über den gesamten Prozess der Interaktion sollten die drei Faktoren gleichmäßig ausbalanciert werden. So gibt es Phasen in der Zusammenarbeit, in der ein Faktor besonders betont wird, aber über die gesamte Zeit der Zusammenarbeit wird das ausgewogene Verhältnis wiederhergestellt. Alles, was in der Interaktion der Gruppe, im Ich jedes Einzelnen und bezogen auf das Thema stattfindet, muss zum Globe passen. Ohne Einbezug des Globe besteht die Gefahr, ungeeignete und unrealistische Ergebnisse zu erarbeiten (Cohn 1980; Langmaak 1991).

3

> **Wichtig**
>
> Bildlich können wir uns das Ausbalancieren in der TZI so vorstellen, dass das Drei-
> eck in seinem Schwerpunkt auf eine Nadel gestellt wird. Die Ecken erhalten im
> Gruppenprozess immer wieder unterschiedliches Gewicht. Kippt das Dreieck in
> eine Richtung, muss das Gewicht auf andere Ecken verlagert werden, um das
> Gleichgewicht wiederherzustellen.

Ruth Cohn formulierte hierzu:

„Wenn ich eine Gruppe leite, versuche ich sowohl jeden Teilnehmer als auch
die Gruppe als Ganzes und das Thema im Auge zu behalten, ohne meine eigenen
Gefühle und Gedanken zu ignorieren. Ich beobachte und balanciere den Gruppen-
prozeß. Wenn die Gruppe überintellektuell wird, spreche ich von meinen Gefühlen;
wenn sie nur emotionell reagiert, etabliere ich die Balance durch meine eigenen
Überlegungen und durch sachliche Diskussion; wenn die Gruppe nur zum Thema
spricht, beachte ich den Gruppenprozess sowie Ausdruck und Verhalten der einzelnen Menschen." (Cohn 1980, S. 118)

Das grundlegende Modell der Themenzentrierten Interaktion mit den drei
Faktoren „Thema", „Ich", „Wir" und dem Globe wird von Menschen zum Leben
erweckt. Menschen sind in der Welt der Themenzentrierten Interaktion genauso
auf Eigenständigkeit wie auf Verbundenheit mit anderen Menschen angewiesen.
In ihr ist jeder Mensch unbedingt wertzuschätzen und zu respektieren. Schließlich
besitzt jeder Mensch Grenzen, die er erweitern kann (Cohn 1980).

Abgeleitet aus dieser axiomatischen Sicht auf den Menschen leiten sich zwei
grundlegende **Postulate** ab (Cohn 1980; Langmaak 1991):

» „Sei Dein eigener Chairman." (Cohn 1980, S. 121)

Dieses Postulat bedeutet, dass jeder Mensch sich zunächst selbst mit seiner Persönlichkeit, seinen Stärken und Schwächen, seinen Gefühle, seinen Grenzen sowie allem weiteren, was den Menschen individuell ausmacht, akzeptiert. Es existiert kein
Richtig und Falsch. In seiner Individualität ist der Mensch auf andere Menschen
angewiesen. Ferner ist er fähig, sich über seine gegenwärtigen Grenzen in Zukunft
weiterzuentwickeln. Über alles, was ihn betrifft, trifft der Mensch seine eigene Entscheidung.

» „Störungen haben Vorrang." (Cohn 1980, S. 122)

Störungen sind alles, was die Zusammenarbeit in der Gruppe be- oder ver-
hindert. Störungen sind real und sind daher wahrzunehmen und nicht zu ignorieren, sie sind als menschlich anzuerkennen und mit ihnen ist umzugehen,
weil sie den Gruppenprozess offensichtlich oder unterschwellig negativ beein-
flussen. Andauernden Störungsursachen bei einzelnen Menschen kann jedoch
nicht immer in der Gruppensituation begegnet werden. In diesen Fällen haben die Gruppe und deren Arbeit den Vorrang. Der oder die Störende sollte
in diesen Fällen die Störungsursache außerhalb der Gruppe behandeln. „Die
Maxime ‚Realität hat den Vorrang.' hilft, Entscheidungen über Vorrangigkeit
zu treffen; es braucht Übung, diese ‚Gefahrenregel' nicht zu mißbrauchen."
(Cohn 1980, S. 123)

Definition

Ein **Postulat** ist nach DUDEN online „etwas, was von einem bestimmten Standpunkt aus oder aufgrund bestimmter Umstände erforderlich, unabdingbar erscheint; [eine] Forderung" (Bibliographisches Institut GmbH 2020).

Die Themenzentrierte Interaktion orientiert sich eng an der Praxis von Gruppenarbeit. In neun **Hilfsregeln** sind die wichtigsten Aspekte zu Haltung und Verhalten des Einzelnen in der Interaktion in der Gruppe zusammengefasst (Cohn 1980, S. 124–128):

1. „Vertritt dich selbst in deinen Aussagen; sprich per ‚Ich' und nicht per ‚Wir' oder per ‚Man'."
2. „Wenn Du eine Frage stellst, sage, warum Du fragst und was deine Frage für Dich bedeutet. Sage dich selbst aus und vermeide das Interview."
3. „Sei authentisch und selektiv in deinen Kommunikationen. Mache dir bewußt, was Du denkst und fühlst, und wähle, was du sagst und tust."
4. „Halte Dich mit Interpretationen von anderen so lange wie möglich zurück. Sprich statt dessen deine persönlichen Reaktionen aus."
5. „Sei zurückhaltend mit Verallgemeinerungen."
6. „Wenn Du etwas über das Benehmen oder die Charakteristik eines anderen Teilnehmers aussagst, sage auch, was es dir bedeutet, daß er so ist, wie er ist (d. h. wie du ihn siehst)."
7. „Seitengespräche haben Vorrang. Sie stören und sind meist wichtig. Sie würden nicht geschehen, wenn sie nicht wichtig wären (Vielleicht wollt ihr uns erzählen, was ihr miteinander sprecht?)."
8. „Nur einer zur gleichen Zeit bitte."
9. „Wenn mehr als einer gleichzeitig sprechen will, verständigt euch in Stichworten, über was ihr zu sprechen beabsichtigt."

❓ Reflexionsaufgabe

Schauen Sie sich bitte die Postulate und Hilfsregeln der TZI noch einmal an. Denken Sie nun bitte an einen Workshop oder ein Meeting, das Sie selbst moderiert haben bzw. das durch eine andere Person moderiert wurde. Finden Sie bitte Beispiele aus diesem Workshop bzw. Meeting, in denen nach den Postulaten und Hilfsregeln gehandelt wurde. Wie hat sich dieses ausgewirkt? Gab es auch Sitzungen, in denen sich entgegen der Postulate und Hilfsregeln verhalten wurde? Was hatte dieses zur Folge?

3.2.2 Grundhaltung der Moderatorin/des Moderators

Die persönliche Haltung in der Gesprächsführung ist mit der **Einstellung** identisch, worunter Triandis (1975, S. 4) „eine mit Emotionen angereicherte Vorstellung, die eine Klasse von Handlungen für eine bestimmte Klasse sozialer Situationen besonders prädisponiert", versteht (vgl. auch Lubienetzki und Schüler-Lubienetzki 2020). Gerade in der moderierten Gruppenarbeit, in der die Moderatorin/der Moderator mit der Gruppe kommuniziert und gleichzeitig die Kommunikation in der

3

Gruppe unterstützt, ist die persönliche Haltung von besonderer Bedeutung. Die Moderatorin/der Moderator ist darauf angewiesen, mit der Gruppe in Kontakt zu kommen und eine Beziehung aufzubauen, die die zielgerichtete Zusammenarbeit ermöglicht.

In der Themenzentrierten Interaktion wird ein **Menschenbild** zugrunde gelegt, das axiomatisch davon ausgeht, dass jeder Mensch wertschätzend und respektvoll zu behandeln ist. Ferner ist jeder Mensch einerseits eigenständig und andererseits auf soziale Verbundenheit angewiesen. Schließlich ist jeder Mensch in der Lage, seine persönlichen Grenzen zu erweitern (Cohn 1980).

Dieses Menschenbild sollte der Haltung der Moderatorin/des Moderators zugrunde liegen. Angelehnt an Freimuth (2010), Graeßner (2008) und Klebert et al. (2002) beschreiben folgende Attribute die **persönliche Haltung** der Moderatorin/des Moderators:

1. **Wertschätzend, respektvoll und anerkennend**
   Um in Kontakt mit der Gruppe und jedem einzelnen Menschen darin zu gelangen, ist diesen unbedingt mit Wertschätzung, Respekt und auch Anerkennung zu begegnen. Erst über den so aufgebauten Kontakt kann die inhaltliche Arbeit zielgerichtet unterstützt werden.

2. **Den ganzen Menschen einbeziehend**
   Der Mensch interagiert sachbezogen und emotional. Emotionen sind nicht hinderlich, sondern setzen Energie frei, um die anstehenden Probleme zu lösen. Das Ziel besteht darin, alle Ressourcen des einzelnen Menschen sowie der Gruppe zu aktivieren und zu nutzen.

3. **Helfend und unterstützend**
   Die Moderatorin oder der Moderator stellt sich ganz in den Dienst der Gruppe. Das Ergebnis der Arbeit ist der Erfolg der Gruppe, dass diese zum Ergebnis gekommen ist, ist der Erfolg der Moderatorin oder des Moderators.

4. **Neutral**
   Jede einzelne Meinung und jedes von der Gruppe erarbeitete Ergebnis ist berechtigt. Die Moderatorin oder der Moderator bewertet und beurteilt nicht. Es gibt weder ein Richtig noch ein Falsch für sie/ihn.

5. **Verantwortungsvoll und zur Selbstverantwortung anregend**
   Die Moderatorin oder der Moderator ist sich ihrer/seiner Grenzen bewusst und geht verantwortlich damit um. Sie oder er regt die Gruppe an, genauso selbstverantwortlich mit den eigenen Grenzen umzugehen.

6. **Fragend**
   Neugierde und echtes Interesse in den Fragen der Moderatorin/des Moderators weckt die Aufmerksamkeit der Gruppe und fördert die Kommunikation. Dabei sind nicht nur eine, sondern individuell unterschiedliche Antworten und Meinungen willkommen.

7. **Klärend und lösend**
   Alles, was in der Gruppe passiert, hat Bedeutung. Hierzu zählen insbesondere auch Störungen. Die Moderatorin/der Moderator erkennt Konflikte und Probleme, macht diese transparent und wirkt auf die Lösung hin.

▶ **Fallbeispiel**

Ralf Schmidt fragte sich, wieso er bei der zu besetzenden Rolle der Moderatorin/des Moderators sofort an seine jüngere Schwester dachte. Schon in der Schule hatte seine Schwester ein Talent dafür, Streitigkeiten zwischen Mitschülerinnen und Mitschülern zu schlichten. Interessanterweise tat sie dies niemals mit erhobenem Zeigefinger, wie einige Lehrerinnen und Lehrer, sondern, indem sie freundlich und wertschätzend mit den Streitenden sprach. Irgendwie schaffte sie es immer, auch noch so hochgekochte Gemüter zu beruhigen und sachlich über den Konflikt zu sprechen. Dabei behandelte sie alle gleich. Sie ergriff niemals Partei für eine Seite, sondern fragte und half beiden, selbstständig einen Kompromiss zu finden.

Heute hatte sie dieses Talent zur Profession gemacht. Sie war Mediatorin und eine begnadete Moderatorin. Sie war auch in noch so verzwickten Lagen dazu fähig, ihren Kunden mit Respekt und Wertschätzung zu begegnen und darüber Vertrauen zu allen Beteiligten aufzubauen. Ralf Schmidt war sich absolut sicher, dass Pia Schmidt auch Herrn Meier und sein Team bei der konstruktiven Zusammenarbeit helfen konnte. ◀

3.2.3 Rolle und Aufgaben der Moderatorin/des Moderators

Die im vorhergehenden Abschnitt dargestellte persönliche Haltung bildet das Fundament, auf dem die Moderatorin/der Moderator mit der Gruppe arbeitet. Dabei unterscheiden sich die Verantwortlichkeiten zwischen der Moderatorin/dem Moderator und der Gruppe deutlich. Kurz gesagt: Die Moderatorin bzw. der Moderator ist verantwortlich für den Weg zum Ziel, den Arbeitsprozess; die Gruppe ist bzw. die Gruppenmitglieder sind verantwortlich, ihr Wissen und ihre Kompetenz einzubringen und inhaltlich tragfähige Ergebnisse zu erarbeiten (Funcke und Havenith 2010).

Dabei fungiert die Moderatorin/der Moderator als Problemlöser, Konfliktlöser und Reflektor (Freimuth 2010). Diese drei **Rollenbestandteile** unterscheiden sich – angelehnt an Freimuth (2010), Funcke und Havenith (2010), Graeßner (2008) und Hartmann et al. (1999) – wie folgt:

1. In der Rolle als **Problemlöser** bringt sie/er die Diskussion in der Gruppe in Gang. Sie/er bindet gezielt alle Gruppenmitglieder in den Arbeitsprozess ein und hilft der Gruppe, alle ihr zur Verfügung stehenden Ressourcen zu nutzen. In der Arbeit behält sie/er das Ziel im Auge, schafft Struktur und hilft der Gruppe, zielgerichtet zu arbeiten. Durch Visualisierung von Zwischenständen sorgt sie/er für einen einheitlichen Wissenstand, systematisiert und sichert die Arbeitsergebnisse.

2. Als **Konfliktlöser** schlägt sie/er Spielregeln für die gemeinsame Arbeit vor und achtet darauf, dass die in der Gruppe vereinbarten Regeln eingehalten werden. Störungen macht die Moderatorin/der Moderator transparent und unterstützt die Bearbeitung dieser Störungen. Unterschiede in den Auffassungen sowie Interessen macht sie/er transparent und schlägt Einigungswege vor. Änderungswünsche werden von ihr/ihm in der Gruppe gelöst. Jede Teilnehmerin und jeder Teilnehmer wird gehört und einbezogen.

3. Als **Reflektor** gibt die Moderatorin/der Moderator ihre/seine Wahrnehmungen als Feedback an die Gruppe zurück. Auch entwickelt und fördert sie/er die Fähigkeit zum Feedbackgeben sowie zum Feedbacknehmen in der Gruppe. Sie/er achtet auf störende oder blockierende Muster in der Kommunikation und spiegelt diese wider. Sie/er lenkt die Aufmerksamkeit der Gruppe von sich weg auf den Prozess und lässt die Gruppe ihre Zusammenarbeit und ihren Erfolg bewusst erleben.

❓ Reflexionsaufgabe

Im beruflichen Kontext werden Meetings von Teams meistens durch die verantwortliche Führungskraft geleitet. Diese formuliert in manchen Fällen, dass sie in dem Meeting als Moderatorin bzw. Moderator fungieren möchte. Bitte überlegen Sie, bis zu welchem Punkt sich die Rolle der Führungskraft mit der Rolle und den Aufgaben der Moderatorin bzw. des Moderators vereinen lassen.

3.3 Die Gruppe

Die Gruppe ist in der moderierten Zusammenarbeit von entscheidender Bedeutung. Sie bzw. jedes einzelne Mitglied trägt die Verantwortung, die vorhandenen Informationen und das vorhandene Fachwissen einzubringen und am Ende inhaltlich tragfähige Ergebnisse zu erarbeiten (Funcke und Havenith 2010).

Damit erhält die Zusammensetzung der Gruppe eine besondere Bedeutung. Da die Zusammenarbeit in der Gruppe letztendlich nichts anderes als Kommunikation ist, geht es auf der Sachebene um die persönlichen Ressourcen (u. a. Fachwissen, Kompetenzen, Informationen) jeder einzelnen Teilnehmerin bzw. jedes einzelnen Teilnehmers und auf der Beziehungsebene um die Frage, wie die Teilnehmenden zueinander in Beziehung stehen (vgl. Watzlawick et al. 1967/2011).

Auch die Gruppe in ihrer Gesamtheit, d. h. in ihrer zeitlichen sowie inhaltlichen Struktur, ist von Bedeutung. Die Spanne reicht von einer zufällig gebildeten Gruppe (z. B. im Rahmen eines Workshops auf einer großen Fachtagung) bis hin zu einem eingespielten Team (z. B. ein Projektteam, das bereits seit einiger Zeit erfolgreich zusammenarbeitet). Die **zeitliche Dimension** ist dabei durch die Phasen der Gruppenentwicklung und die **inhaltliche Dimension** durch die verschiedenen Rollen in der Gruppe charakterisiert (Gellert und Nowak 2014).

Für die Moderation bedeutet dies, dass im Vorfeld die Gruppe und ihre Mitglieder analysiert werden sollten. Zielsetzung einer solchen Analyse ist es, die Moderation so vorzubereiten, dass diese die Bedürfnisse der Gruppe bestmöglich trifft, sie sozusagen dort abholt, wo sie sich befindet (Freimuth 2010).

In Anlehnung an Freimuth (2010) sowie Gellert und Nowak (2014) sollten folgende Fragestellungen zur Analyse der Gruppe im Vorfeld beantwortet werden:

1. **Organisatorische Einbettung**:
   Wie stehen die Teilnehmer/-innen in der Organisation zueinander? Gibt es ein hierarchisches Gefälle (z. B. Vorgesetzten-Mitarbeiter-Verhältnis)? Welchen unterschiedlichen organisatorischen Bereichen gehören die Teilnehmenden an?

2. **Ressourcen**:
   Welche Informationen und welches Fachwissen besitzen die Teilnehmenden?
   Welche Erfahrungen gibt es mit (moderierter) Gruppenarbeit?
3. **Interessenlage**:
   Wo stimmen die Teilnehmenden hinsichtlich ihrer Interessen überein? Wo nicht?
   Wie ist deren Wahrnehmung bezüglich des Themas? Wie ist ihre Einstellung?
   Gibt es Hoffnungen oder Befürchtungen?
4. **Beziehungen**:
   Gibt es informelle Anführer/-innen? Gibt es ungelöste Konflikte oder Konflikte
   aus der Vergangenheit mit Bedeutung für das Thema? Welche Beziehungen der
   Teilnehmenden sind ansonsten von Bedeutung?

In bereits etablierten Gruppen und Teams können die Phase, in der sich die Gruppe
befindet, sowie die verschiedenen Rollen der Mitglieder bereits im Vorfeld der Moderation näher analysiert werden. Zur Systematisierung betrachten wir zwei **Mo-
delle**, die zum einen die Gruppenphase und zum anderen die verschiedenen Rollen
innerhalb der Gruppe charakterisieren:

- **Phasen der Gruppenentwicklung**

Tuckman hat im Jahr 1965 ein Modell zur Entwicklung von Gruppen vorgelegt.
Dieses Modell geht von vier Phasen der Gruppenentwicklung aus, die die Überschriften „Forming", „Storming", „Norming" sowie „Performing" tragen (Tuckman 1965). Diese Phasen der Entwicklung einer Gruppe werden immer durchlaufen
und können anhand einer Uhr visualisiert werden. Jedes Viertel der Uhr repräsen-
tiert dabei eine Phase. Die Forming-Phase kann auch als „Orientierungsphase", die
Storming-Phase als „Phase der Positionsfindung" oder „Phase der Auseinander-
setzung", die Norming-Phase als „Organisationsphase" oder „Phase der Vertrautheit" und die Performing-Phase als „Arbeitsphase" oder „Phase der konstruktiven
Zusammenarbeit" bezeichnet werden (Gellert und Nowak 2014) (siehe ◘ Abb. 3.2).

◘ **Abb. 3.2** Phasen der Gruppenentwicklung mit Charakte-
risierung. Das Bild der „Uhr"
zeigt die verschiedenen Phasen
der Gruppenentwicklung, die im
zeitlichen Verlauf der Zusammenarbeit durchlaufen werden:
1. die Orientierungsphase, 2. die
Phase der Positionsfindung, 3.
die Organisationsphase sowie 4.
Die Arbeitsphase. (Quelle: eigene
Darstellung in Anlehnung an
Gellert und Nowak 2014, S. 215)

❓ Reflexionsaufgabe

Sie gehören aktuell sicherlich verschiedenen Gruppen an. Bitte wählen Sie eine berufliche und eine private Gruppe aus und bestimmen Sie, in welcher Gruppenphase sich
die jeweilige Gruppe gerade befindet. Wie ist die Zusammenarbeit bzw. die Interaktion in der Gruppe und wie verhalten sich die Gruppenmitglieder? Was hat sich gegenüber früheren Gruppenphasen verändert?

■ Rollen innerhalb der Gruppe

In funktionierenden Gruppen oder Teams sind bestimmte Rollen bei den Mit-
gliedern ausgeprägt. Dabei muss nicht unbedingt jede Rolle von unterschiedlichen
Mitgliedern wahrgenommen werden. Es ist genauso möglich, dass ein Mitglied
mehrere Rollen übernimmt. Das Modell von Gellert und Nowak geht von sechs
Rollen aus, die in gut funktionierenden Gruppen und Teams abgebildet sein sollten
(Gellert und Nowak 2014, S. 72 ff.):

1. **„Leiter/Moderator"**
   Oft ergibt sich die Rolle des Leiters einer Gruppe aus der Rolle innerhalb der
   die Gruppe umgebenden Organisation. Ansonsten wird die Person, die diese
   Rolle übernimmt, von der Gruppe bestimmt. Auch in der moderierenden Ausprägung dieser Rolle, kann die Rolle von innen oder außen besetzt werden. Die
   wichtigste Aufgabe dieser Rolle besteht darin, den Gruppenprozess in eher lei-
   tender Ausprägung zu lenken und in eher moderierender Ausprägung zielgerichtet zu unterstützen.

2. **„Umsetzer/Koordinator"**
   Diese Rolle steht hinter der Rolle des Leiters/Moderators und hat die fachlich-
   inhaltliche Führerschaft inne. Die Rolle kann so weit ausgeprägt sein, dass die
   informelle Leitung der Gruppe übernommen wird. Die wichtigste Aufgabe besteht darin, der Zusammenarbeit eine realistische, auf die Umsetzung fokus-
   sierte Struktur zu geben.

3. **„Kreativer Ideengeber"**
   Diese Rolle schlägt neue Wege vor, besitzt eine Fülle von neuen Ideen und ist
   bereit, die ausgetretenen Wege zu verlassen. Wichtigste Rollenaufgabe ist es,
   die Gruppe mit innovativen Einfällen auf dem Weg zum Ziel zu unterstützen.

4. **„Vernetzer"**
   Vernetzer stellen den Kontakt zur Umwelt her. Sie erkennen Schnittstellen zu
   anderen Menschen und Organisationsbestandteilen und sind bereit, diese zu
   besetzen. Ihre wichtigste Aufgabe besteht darin, nach außen zu kommunizieren
   und wichtige Informationen von außen in die Gruppe zu tragen.

5. **„Teamarbeiter"**
   Teamarbeiter sind das verbindende Element in der Gruppe. Sie sind darauf
   bedacht, Harmonie in der Gruppe herzustellen und eine angenehme Arbeitsatmosphäre zu schaffen. Ihre wichtigste Aufgabe ist es, den Zusammenhalt in
   der Gruppe laufend zu betrachten und Initiativen zu ergreifen, um diese zu
   verbessern.

6. **„Detailarbeiter/Vollender"**
   Diese Rolle bearbeitet und vollendet die Gruppenarbeit im Detail. Dort, wo
   andere Gruppenmitglieder bereits zu neuen Ufern aufbrechen, hat diese Rolle

das Bedürfnis, die gemeinsame Arbeit wirklich abzurunden. Ihre wichtigste Aufgabe besteht darin, auch im Detail der gemeinsamen Arbeit Schwachstellen ausfindig zu machen und diese zu beseitigen.

Das Modell von Gellert und Nowak ist angelehnt an das komplexere Modell von R. M. Belbin. Nähere Informationen hierzu finden Sie in Belbin (2010).

▶ **Fallbeispiel**

Nachdem Ralf Schmidt seine Schwester über das Thema des Workshops informiert hatte, fragte sie als erstes nach der Gruppe. Ralf Schmidt war überrascht, wie detailliert seine Schwester die Gruppe interessierte. Sie fragte nach den Beziehungen untereinander. Insbesondere fragte sie nach Herrn Meier und seiner Beziehung zu der Gruppe. Ralf Schmidt erzählte ihr, dass das Verhältnis angespannt sei und dass es schon häufiger zu Konflikten gekommen sei.

Pia Schmidt erklärte ihm, dass aus ihrer Sicht die Haltung und das Verhalten von Herrn Meier in dem Workshop entscheidend seien. Eine Moderation könne nur dann funktionieren, wenn sich jedes Gruppenmitglied auf die gleichberechtigte Zusammenarbeit in der Gruppe einließe. Pia schlug vor, dass sie zur Vorbereitung des Workshops zunächst mit Herrn Meier sprechen würde. Aus ihrer Sicht mache ein Workshop nur dann Sinn, wenn Herr Meier gewillt sei, sich auf den Gruppenprozess einzulassen. Ansonsten sei sein Verhalten gegenüber den Auszubildenden eher ein Führungsthema für ihren Bruder als Vorgesetzten von Herrn Meier als ein Arbeitsthema für die Gruppe.

Pia Schmidt sprach am nächsten Tag mit Herrn Meier. Das Gespräch dauerte mehrere Stunden und war zeitweise sehr intensiv. Zunächst bemerkte sie deutlichen Widerstand bei Herrn Meier. Diesen thematisierte sie und schließlich kamen sie auf den Kern des Problems zu sprechen. Herr Meier hatte eine tief verwurzelte Angst davor, nicht ernst genommen und nicht wertgeschätzt zu werden. Um die Gefahr zu umgehen, in dieser Weise verletzt zu werden, hatte er sich eine „raue Schale", wie er es nannte, gegeben. In dem Moment, als dieses Thema zur Sprache kam, löste sich etwas bei ihm. Erst jetzt konnte Pia Schmidt wirklich mit ihm über den Workshop sprechen. Sie kam zu dem Schluss, dass Herrn Meiers Haltung nun zum Format des moderierten Workshops passte.

Je weniger über die Gruppe zu Beginn der Moderation bekannt ist, desto wichtiger ist es für die Moderatorin/den Moderator, am Anfang der Zusammenarbeit die Gruppe kennenzulernen und einzuordnen. Hierauf gehen wir im folgenden ▶ Kap. 4 ein, wenn wir die verschiedenen Schritte des Moderationsprozesses näher untersuchen. ◀

❓ **Reflexionsaufgabe**

Sie haben in der vorhergehenden Reflexionsaufgabe bereits über verschiedene Gruppen, denen Sie angehören, nachgedacht. Schauen Sie diese bitte noch einmal an (selbstverständlich können Sie auch weitere persönliche Beispiele analysieren). Was ist Ihre Rolle in der jeweiligen Gruppe? Welche Rolle passt Ihrem Empfinden nach am besten zu Ihnen?

3

Zusammenfassung in Schlagworten

– Am **Moderationsprozess** sind verschiedene Personen mit unterschiedlichen Aufgaben beteiligt: die Auftraggeberin/der Auftraggeber, die Moderatorin/der Moderator und die Gruppenmitglieder.

    – Die **Auftraggeberin/**der **Auftraggeber** entscheidet sich für die Durchführung der Moderation, nachdem sie/er festgestellt hat,

    – dass die **Themenstellung** für einen Moderationsprozess geeignet ist,

    – dass Moderation als Maßnahme zur **Unternehmens-** und **Arbeitskultur** passt,

    – welche **Ziele** die Zusammenarbeit hat und wann diese erreicht sind,

    – welche **Handlungsspielräume** die Moderatorin/der Moderator und die Gruppe haben.

– Die **Moderatorin/**der **Moderator**

    – unterstützt die Auftraggeberin/den Auftraggeber dabei, Klarheit in den genannten **Vorgaben** zu finden und den Moderations- und Gruppenauftrag zu konkretisieren,

    – entwickelt die **Dramaturgie** der moderierten Gruppenarbeit,

    – ist verantwortlich für die **Gestaltung des Arbeitsprozesses** der Gruppe und unterstützt diese zielgerichtet in ihrer **Zusammenarbeit** (Freimuth 2010; Graeßner 2008).

    – vereint drei **Rollen**: den *Problemlöser*, den *Konfliktlöser* und den *Reflektor*.

    – kann sich an dem Konzept der **Themenzentrierten Interaktion** (TZI) nach Ruth Cohn (1980) orientieren, wonach das Thema bzw. die Aufgabe im Mittelpunkt der Aufmerksamkeit aller Gruppenmitglieder stehen und von allen gemeinsam bearbeitet werden sollte.

    – Im Modell der Themenzentrierten Interaktion werden **drei Faktoren** in einer **Umgebung (Globe)** unterschieden: das Ich, die Persönlichkeit; das Wir, die Gruppe und Es, das Thema. Diese drei Faktoren treffen in einer Umgebung aufeinander, welche durch die Zeit, den Ort und historische, soziale sowie teleologische Gegebenheiten definiert ist.

    – Die Moderatorin/der Moderator sorgt im Rahmen der TZI dafür, dass alle drei Faktoren über den Arbeitsprozess hinweg **ausbalanciert** sind und alles, was in der Interaktion stattfindet, zum Globe passt.

    – Aus den Annahmen der TZI lassen sich einige **Hilfsregeln** für die Haltung und das Verhalten des Einzelnen in der Gruppeninteraktion sowie zwei **Postulate** für den moderierten Arbeitsprozess ableiten:

      (1) Sei dein eigener Chairman.

      (2) Störungen haben Vorrang.

    – sollte eine **persönliche Haltung** einnehmen, welche sich am Menschenbild der TZI orientiert und grundsätzlich von Wertschätzung, Respekt und Anerkennung geprägt ist.

– Die **Gruppe**

    – besteht aus mehreren Mitgliedern, die alle dafür verantwortlich sind, ihre jeweiligen Kompetenzen und Informationen einzubringen, um gemeinsam ein **inhaltlich tragfähiges Ergebnis** zu erarbeiten.

    – Wird von der Moderatorin/vom Moderator in ihrer **Struktur** analysiert, um sich auf den Moderationsprozess vorzubereiten. Dabei widmet sich die Moderato-

> rin/der Moderator der organisatorischen Einbettung der Teilnehmenden, den vorhandenen Ressourcen, den Interessenlagen und den Beziehungen der Gruppenmitglieder untereinander (Freimuth 2010; Gellert und Nowak 2014).
> – kann hinsichtlich ihrer **Phase der Gruppenentwicklung** (Tuckman 1965) als auch der verschiedenen **Rollen innerhalb der Gruppe** (Gellert und Nowak 2014) analysiert werden.

Literatur

Belbin, R. M. (2010). *Team roles at work* (2. Aufl.). Oxford: Butterworth-Heinemann.
Bibliographisches Institut GmbH. (2020). *DUDEN online – Postulat*. http://www.duden.de/rechtschreibung/Postulat#Bedeutung1. Zugegriffen am 02.04.2020.
Cohn, R. (1980). *Von der Psychoanalyse zur themenzentrierten Interaktion. Von der Behandlung einzelner zu einer Pädagogik* (4. Aufl.). Stuttgart: Klett-Cotta.
Freimuth, J. (2010). *Moderation*. Göttingen: Hogrefe.
Funcke, A., & Havenith, E. (2010). *Moderations-Tools. Anschauliche, aktivierende und klärende Methoden für die Moderations-Praxis*. Bonn: ManagerSeminare.
Gellert, M., & Nowak, C. (2014). *Teamarbeit – Teamentwicklung – Teamberatung. Ein Praxisbuch für die Arbeit in und mit Teams* (5. Aufl.). Meezen: Christa Limmer.
Graeßner, G. (2008). *Moderation – das Lehrbuch*. Augsburg: Ziel.
Hartmann, M., Rieger, M., & Luoma, M. (1999). *Zielgerichtet moderieren. Ein Handbuch für Führungskräfte, Berater und Trainer* (2. Aufl.). Weinheim: Beltz.
Klebert, K., Schrader, E., & Straub, W. (2002). *Moderations-Methode. Das Standardwerk*. Hamburg: Windmühle.
Langmaak, B. (1991). *Themenzentrierte Interaktion. Einführende Texte rund ums Dreieck*. Weinheim: Psychologie Verlags Union.
Lubienetzki, U., & Schüler-Lubienetzki, H. (2016). *Sag mal: Wo geht's lang und wie kommen wir dahin? Moderation* (Studienbrief der Hochschule Fresenius online plus GmbH). Idstein: Hochschule Fresenius online plus GmbH.
Lubienetzki, U., & Schüler-Lubienetzki, H. (2020). *Was wir uns wie sagen und zeigen. Psychologie der menschlichen Kommunikation*. Heidelberg: Springer.
Triandis, H. C. (1975). *Einstellungen und Einstellungsänderungen*. Weinheim/Basel: Beltz.
Tuckman, B. W. (1965). *Developmental sequence in small groups*. Psychological Bulletin, 63 (6), 384–399.
Watzlawick, P., Beavin, J. H., & Jackson, D. D. (1967/2011). *Menschliche Kommunikation – Formen, Störungen, Paradoxien* (12. Aufl., 2011; Originalausgabe: Pragmatics of human communication. New York: Norton, 1967). Bern: Huber.

Immer ein Schritt nach dem anderen

Der Moderationsprozess

Inhaltsverzeichnis

Die Ausführungen in diesem Kapitel basieren auf folgendem Studienbrief: Lubienetzki, U. & Schüler-Lubienetzki, H. (2016). SAG MAL: WO GEHT'S LANG UND WIE KOMMEN WIR DAHIN? MODERATION. Studienbrief der Hochschule Fresenius online plus GmbH. Idstein: Hochschule Fresenius online plus GmbH.

Moderation beginnt deutlich vor der eigentlichen Gruppenarbeit und endet erst, nachdem die Gruppe auseinandergegangen ist. Die Moderatorin bzw. der Moderator ist durchgängig an allen Schritten beteiligt. Bei der Auftraggeberin/beim Auftraggeber und der Gruppe muss dies nicht zwangsläufig so sein.

⊜ Nach eingehender Lektüre dieses Kapitels können Sie …

4

— die Aspekte benennen, die bei der **Auftragsklärung** von der Auftraggeberin/vom Auftraggeber und der Moderatorin/dem Moderator besprochen werden sollten.

— sich auf eine moderierte Gruppenarbeit **vorbereiten**.

— den **Einstieg** in die moderierte Gruppenarbeit sowie die **Schlussphase** gestalten.

— die **Bestandteile** jeder Moderation sowie die **Aufgabe** der Moderatorin/des Moderators während der Gruppenarbeit erklären.

— eine moderierte Gruppenarbeit **nachbereiten**.

In ▶ Abschn. 2.3 hatten wir den Moderationsprozess bereits im Überblick dargestellt. Wir erinnern uns (siehe ◻ Abb. 4.1).

Nun werden wir uns die einzelnen Schritte genauer ansehen. Die Entscheidung zur Moderation ist gefallen und es gilt, den Auftrag der Moderation zu definieren.

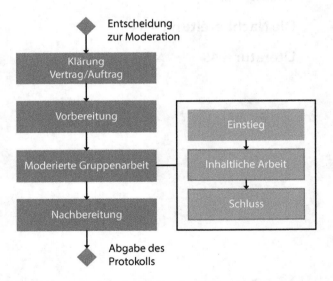

◻ **Abb. 4.1** Moderationsprozess. Die vier Schritte des Moderationsprozesses: Klärung des Vertrages bzw. des Auftrages, Vorbereitung der Moderation, die Moderation selbst und die Nachbereitung der Moderation. Der Prozess startet mit der Entscheidung zur Moderation und endet in der Regel mit der Abgabe des Protokolls (vgl. Freimuth 2010, S. 61 ff.)

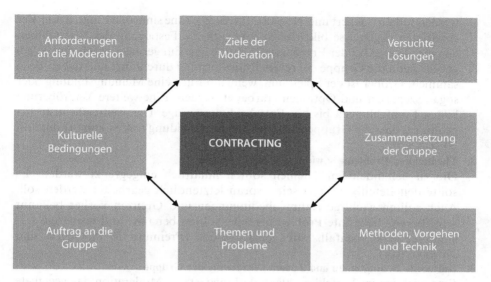

Abb. 4.2 Auftragsklärung vor der Moderation. Die Auftragsklärung, das Contracting, ist ein wichtiges Element des Moderationsprozesses. Stellt diese doch sicher, dass Auftraggeberin/Auftraggeber und Moderatorin/Moderator das gleiche Verständnis über die wesentlichen Aspekte der Moderation erlangen. (Quelle: eigene Darstellung in Anlehnung an Freimuth 2010, S. 49)

4.1 Der Vertrag

Bevor eine Moderation starten kann, sollte die Auftraggeberin/der Auftraggeber sich Klarheit über verschiedene Punkte, die Bestandteil der Aufträge an die Moderatorin/den Moderator sowie an die Gruppe sind, verschaffen. Spätestens in der vertraglichen Vereinbarung mit der Moderatorin/dem Moderator sind diese Punkte festzulegen. Das „**Contracting**", wie Freimuth (2010, S. 49) diese Phase nennt, umfasst neben dem Vertrag im engeren Sinne auch verschiedene Klärungen, die die Auftraggeberin/der Auftraggeber und die Moderatorin/der Moderator zunächst herbeiführen sollten:

Unabhängig davon, ob die Moderation von einer Person innerhalb oder außerhalb der Organisation wahrgenommen wird, sind die genannten Punkte zu klären. Die einzelnen Punkte der **Auftragsklärung** sind angelehnt an Freimuth (2010) sowie Gellert und Nowak (2014):

1. **Ziele der Moderation und Auftrag an die Gruppe**
   Ziele sollten **SMART** sein und nach **PIG** formuliert werden. Das bedeutet, dass Ziele spezifisch, messbar, akzeptiert, realistisch und terminiert sein sollten, wobei sie positiv beschreibend (d. h., es wird formuliert, was zu tun ist, und nicht, was nicht zu tun ist), in Ich-Formulierung und in Gegenwartsform formuliert

4

werden sollten (Gellert und Nowak 2014, S. 39). Eine sinnvolle Eingrenzung der erwarteten Ergebnisse bildet nach Freimuth die Festlegung des Spielraumes, den die Gruppe bei der Ergebniserarbeitung hat. Ein geringer Spielraum ist gegeben, wenn die Gruppe ein reines Brainstorming durchführt und dabei Ideen sammelt. Größer ist der Spielraum, wenn am Ende eine Meinungsbildung oder sogar Szenarien und Optionen erarbeitet werden. Eine weitere Vergrößerung bilden Empfehlungen bis zur Entscheidungsvorlage. Das weitreichendste Ergebnis ist, dass die Gruppe eine konkrete Entscheidung treffen kann (Freimuth 2010, S. 55).

2. **Themen und Probleme sowie versuchte Lösungen**
   Die zu behandelnden Themen sollten inhaltlich eingegrenzt werden. Es sollte den Beteiligten klar sein, woran letztendlich gearbeitet werden soll. Auch sollten wichtige Rahmenbedingungen und Grenzen vorher bekannt sein. Bereits bekannte Problembereiche sollten benannt und vorherige Lösungsversuche ebenfalls offengelegt werden (Freimuth 2010; Gellert und Nowak 2014).

3. **Kulturelle Bedingungen und Zusammensetzung der Gruppe**
   Eine wichtige im Vorfeld zu klärende Frage ist, ob Moderation das geeignete Mittel bzw. die geeignete Methode ist, das Thema oder das Problem innerhalb der Organisationskultur anzugehen. Wie bereits im ► Abschn. 2.2 erörtert, verhindern beispielsweise stark ausgeprägte hierarchische Strukturen den erfolgreichen Einsatz von Moderation. Die Gruppe selbst sollte anhand der in ► Abschn. 3.3 erörterten Punkte „Organisatorische Einbettung", „Ressourcen", „Interessenlage" sowie „Beziehung" analysiert werden. In länger zusammenarbeitenden Gruppen können die Fragen nach der Phase der Gruppenentwicklung sowie zu den Rollen in der Gruppe gestellt werden (Freimuth 2010; Gellert und Nowak 2014 sowie Tuckman 1965).

4. **Anforderungen an die Moderatorin/den Moderator**
   In ► Abschn. 3.2 ist die Moderatorin/der Moderator mit ihrer/seiner persönlichen Haltung sowie ihren/seinen Rollen und Aufgaben beschrieben. Diese Faktoren sollten bei der Auswahl einer Person als Moderator/-in berücksichtigt werden (Freimuth 2010; Funcke und Havenith 2010; Graeßner 2008).

5. **Methoden, Vorgehen und Technik** Die Methoden, das Vorgehen und die Technik fallen bereits in die Vorbereitung der Moderation und besitzen insoweit vertragliche Relevanz, als die Auftraggeberin/der Auftraggeber einen Beitrag (z. B. Räume bereitstellen) leisten soll (Freimuth 2010).

Der bisher behandelte Vertrag wird zwischen der Auftraggeberin/dem Auftraggeber und der Moderatorin/dem Moderator geschlossen. In der Realität entstehen zwei weitere Vertragsbeziehungen, nämlich zwischen Auftraggeber/-in und Gruppe sowie zwischen Moderator/-in und Gruppe. Hierdurch entsteht ein „**Dreiecksvertrag**" (Gellert und Nowak 2014, S. 32) (siehe ◻ Abb. 4.3).

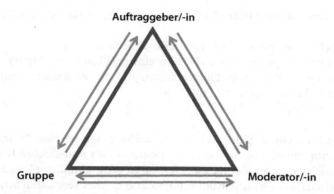

Auftraggeber/-in

Gruppe   **Moderator/-in**

■ **Abb. 4.3** Dreiecksvertrag im Rahmen des Moderationsprozesses. Auftraggeber/-in, Moderator/-in und Gruppe haben jeweils einen Vertrag miteinander. Dieser Dreiecks-Konstellation sollten sich alle Beteiligten bewusst sein und möglichst transparent miteinander umgehen. Idealerweise sind sämtliche vertraglichen Absprachen für alle offen und zugänglich. (Quelle: eigene Darstellung in Anlehnung an Gellert und Nowak 2014, S. 33)

> **Definition**
>
> „An **Dreiecksverträgen** sind drei (oder mehr) Parteien beteiligt." (Gellert und Nowak 2014, S. 32)

Über diese Konstellation sollten sich alle Beteiligten im Klaren sein und für Transparenz sorgen. Idealerweise legt die Auftraggeberin/der Auftraggeber die vertragliche Vereinbarung gegenüber der Gruppe offen. Sollte dies nicht im Vorfeld geschehen, informiert die Moderatorin/der Moderator die Gruppe zu Beginn der Zusammenarbeit über den Vertrag. Anschließend vereinbart die Moderatorin/der Moderator mit der Gruppe den Vertrag. Hierbei können Diskrepanzen entstehen, die mit der Auftraggeberin/dem Auftraggeber zu klären sind (Gellert und Nowak 2010).

► Fallbeispiel

Ralf und Pia Schmidt war es wichtig, dass sie trotz (oder gerade wegen!) ihrer engen verwandtschaftlichen Beziehung eine klare vertragliche Regelung hinsichtlich der Moderation haben sollten. Pia Schmidt setzte sich daher mit ihrem Bruder zusammen und klärte mit ihm ihren Auftrag ab. Das Unternehmen Baumaschinen Schmidt GmbH kannte sie bereits recht gut. Sie hatte bereits mit Herrn Meier gesprochen und wusste, dass die weitere Gruppe aus zehn Auszubildenden bestand. Die Themen und die Zielsetzung hatten beide bereits im Vorgespräch umrissen. Nun ging es nur noch darum, das Ganze auf den Punkt zu bringen. Ralf Schmidt wünschte, dass in dem Workshop Empfehlungen für die Zusammenarbeit in und mit der Gruppe der Auszubildenden erarbeitet werden. Über die Empfehlungen wollte er im Anschluss mit Herrn Meier sprechen. Danach sollte Herr Meier als Verantwortlicher für die Auszubildenden entscheiden.

Als Ziel des Workshops formulierten sie schließlich:

„Wir (die Gruppe der Auszubildenden einschließlich Herrn Meier) erarbeiten in einem eintägigen Workshop Empfehlungen, wie die Zusammenarbeit in unserer Gruppe in Zukunft gestaltet sein soll." ◄

4

> **Wichtig**
>
> Es lohnt sich aus unserer Sicht, auch bei internen Moderationen einen Vertrag oder zumindest einen schriftlichen Auftrag zu formulieren. In der menschlichen Kommunikation kann vieles passieren und auch schiefgehen. Liegt ein schriftlicher Vertrag vor, ist es deutlich leichter, auf der sachinhaltlichen Ebene ein gleiches Verständnis herzustellen.

4.2 Die Vorbereitung

Die im Vertrag geklärten Punkte bilden die Grundlage für die Vorbereitung der Moderation. Sollten einzelne Aspekte in der vertraglichen Klärung nicht ausreichend detailliert behandelt worden sein, sollte im Rahmen der Vorbereitung bei der Auftraggeberin/beim Auftraggeber nachgefragt werden (Hartmann et al. 1999).

> **Wichtig**
>
> Im Rahmen von moderierten Teamentwicklungen haben wir gute Erfahrungen damit gemacht, im Vorfeld der Veranstaltung bei den Teilnehmerinnen und Teilnehmern die Erwartungen abzufragen. Hierdurch kann die Vorbereitung noch deutlicher auf die Gruppe zugeschnitten werden.

Das **Vorgehen** in der Moderation zu planen, steht im Mittelpunkt der Vorbereitung. Ausgangspunkt bilden das Ziel und der Auftrag der Gruppenarbeit sowie die Teilnehmenden selbst. Hiervon hängt ab, wie der Einstieg, die Vertiefung und der Schluss ziel- und adressatengerecht gestaltet werden. In Anlehnung an Freimuth (2010); Hartmann et al. (1999) und Klebert et al. (2002) sollten folgende grundlegende Fragen in der Vorbereitung beantwortet werden:

1. **Einstieg**
   — Wie gestalte ich die Begrüßung? Wie stellen wir uns vor?
   — Wie erläutere ich die (im Vertrag/Auftrag geklärten) Inhalte und Ziele der Zusammenarbeit?
   — Wie erläutere ich den Teilnehmenden die Besonderheiten der moderierten Zusammenarbeit? Wie erläutere ich die Rollen in der gemeinsamen Arbeit?
   — Wie erfahre ich die Erwartungen und die Stimmung in der Gruppe?
   — Mit welchen „Spielregeln" gestalten wir den Umgang miteinander?
   — Wie stelle ich den Ablauf und unseren Zeitrahmen dar?
   — Wie stimme ich die Teilnehmenden auf die Zusammenarbeit ein?
2. **Vertiefung**
   — Welche Dramaturgie der Zusammenarbeit biete ich der Gruppe an? Welche Arbeitsschritte, die ich der Gruppe anbiete, führen zum Ziel? Wie ist die zeitliche Planung der Zusammenarbeit?

- Welche (Teil-)Ziele und Fragen zur Bearbeitung der verschiedenen Arbeitsschritte biete ich an?
- Welche Verfahren und Methoden biete ich der Gruppe zur Bearbeitung der Arbeitsschritte an?
- Wie visualisiere ich die Moderationsverfahren und -methoden?
- Wie werden die Ergebnisse in den einzelnen Arbeitsschritten gesichert?

3. **Schluss**
- Wie gestalte ich den Maßnahmenplan zur Umsetzung der Arbeitsergebnisse im Anschluss an die Sitzung?
- Was kann ich der Gruppe anbieten, um die Wahrscheinlichkeit zu erhöhen, dass die Maßnahmen realisiert werden?
- Wie halte ich die offen gebliebenen Punkte für die Gruppe im Anschluss fest?
- Wie gleiche ich die Ziele und Erwartungen mit den erarbeiteten Ergebnissen ab?
- Wie gestalte ich das Feedback der Gruppe zu der Sitzung und meiner Moderation?
- Wie verabschiede ich mich von der Gruppe?

> **Wichtig**
Ähnlich wie bei der Planung von Trainingsveranstaltungen hat es sich aus unserer Erfahrung bewährt, einen Plan nach folgendem Muster zu erarbeiten. In diesen Plan fließen dann die Antworten auf die o. a. Fragen ein.

Nachdem die genannten grundlegenden Fragen und eventuell entstandene spezifische Fragen beantwortet sind und der Plan des Workshops feststeht, sind im Rahmen der Vorbereitung die benötigten **Materialien** vorzubereiten bzw. bereitzustellen. Stellt nicht die Moderatorin/der Moderator selbst sondern jemand anderes Materialien bereit, sollte sie/er diese überprüfen, um in der Sitzung oder im Workshop keine Überraschungen zu erleben (Klebert et al. 2002).

? **Reflexionsaufgabe**
Bitte entwerfen Sie Ihren eigenen Workshop. Sie haben die freie Wahl: Nehmen Sie bitte einen Workshop, der in nächster Zeit stattfinden wird, oder einen, der bereits stattgefunden hat und den Sie sich noch einmal genauer anschauen möchten, oder helfen Sie Pia Schmidt bei dem eintägigen Workshop mit den Auszubildenden. Orientieren Sie sich dabei gerne an dem in ◻ Tab. 4.1 dargestellten Workshop-Plan. Konzentrieren Sie sich bitte zunächst auf den Ablauf, die Ziele und Aufgaben sowie die Inhalte. Mit der Methodik und dem Material werden Sie sich später beschäftigen.

◻ **Tab. 4.1** Workshop-Plan

Agenda-Punkt	Zeit	Ziel/Aufgabe	Inhalt	Methode/Material
1	09:00–09:30	Begrüßung/ Einstieg	Begrüßung Ziele Organisatorisches	Flipchart-Präsentation Pinnwand
…	…	…	…	…

4

4.3 Die moderierte Gruppenarbeit

Die Gruppenarbeit, der Workshop oder die Sitzung sind geplant und vorbereitet. Nun folgt die Durchführung. Entsprechend der Planung gliedert sich diese in Einstieg, inhaltliche Arbeit und Schluss. Lassen Sie uns nun in den ▶ Abschn. 4.3.1, 4.3.2 und 4.3.3 einige grundsätzliche Möglichkeiten zur Gestaltung der verschiedenen Abschnitte des Moderationsprozesses – angelehnt an Freimuth (2010); Hartmann et al. (1999); Klebert et al. (2002); Funcke und Havenith (2010) und Graeßner (2008) sowie an unsere eigenen Erfahrungen – betrachten.

4.3.1 Einstieg

Einer der am meisten herausfordernden Momente einer moderierten Gruppenarbeit ist der Anfang. Das gilt sowohl für die Moderatorin/den Moderator als auch für die Gruppe. Die Gruppe ist gespannt, was sie erwartet und inwieweit ihre Erwartungen erfüllt werden. Die Moderatorin/der Moderator hat sich zwar vorbereitet, dennoch ist der Übergang von der Theorie zur Praxis immer mit Unsicherheiten verbunden. Wie in jedem menschlichen Kommunikationsprozess gilt es zu Beginn, die Beziehungen zwischen der Moderatorin/dem Moderator und der Gruppe sowie innerhalb der Gruppe (insbesondere, wenn sich die Teilnehmenden untereinander nicht gut kennen) aufzubauen. Nur wenn die Beziehungsebene klar und tragfähig ist, kann auf der sachinhaltlichen Ebene zielgerichtet kommuniziert und gearbeitet werden (vgl. Lubienetzki und Schüler-Lubienetzki 2020a, b).

Der Beginn der Zusammenarbeit ähnelt eher einer Präsentation. Die Moderatorin/der Moderator begrüßt die Teilnehmenden und stellt sich vor. Sie/er weist die Gruppe in Organisatorisches, die Moderation sowie den Auftrag ein. Auch gibt die Moderatorin/der Moderator der Gruppe die Gelegenheit, sich und ihre Erwartungen zu präsentieren. Die Dauer der Anfangsphase hängt davon ab, inwieweit sich die Teilnehmenden untereinander bereits kennen und wie insgesamt ihre Haltung zu der Veranstaltung ist. Auch sollte die Anfangsphase in einem ausgewogenen Verhältnis zu der Dauer der Zusammenarbeit stehen. So ist es in einer Veranstaltung, die nur wenige Stunden dauert, kaum möglich, eine längere Anfangssequenz einzubauen.

Auf den Punkt gebracht: Beim Einstieg sollte es gelingen, …

1. **Kontakt** zu den Teilnehmenden sowie zwischen den Teilnehmenden untereinander herzustellen,
2. eine produktive **Arbeitsatmosphäre** zu schaffen und dabei insbesondere Ängste zu nehmen und Spannungen abzubauen,
3. die Teilnehmenden für das Thema aufzuschließen und den **Ich-Bezug** zu ermöglichen sowie
4. in allen relevanten Belangen **Orientierung** zu geben.

> **Wichtig**
> Am Anfang sind weitschweifende Erläuterungen (z. B. zur Person der Moderatorin/
> des Moderators) eher kontraproduktiv. Sie müssen den Teilnehmenden nicht be-
> weisen, dass Sie die Moderation beherrschen. Wichtiger sind die Beziehungsebene
> und der Kontakt zu den Teilnehmenden. Wertschätzung, Freundlichkeit und Hu-
> mor sind gute Ansatzpunkte, um mit den Teilnehmenden in positiven Kontakt zu
> kommen.

Insbesondere am Anfang sollte die eigene Haltung als Moderatorin/Moderator
immer wieder überprüft werden. Die Gruppe arbeitet inhaltlich und die Modera-
torin/der Moderator unterstützt den Arbeitsprozess. Zum Arbeitsinhalt zählen die
Ziele der Veranstaltung sowie die Fragen und Arbeitsschritte, die gemeinsam behandelt werden. Die Moderatorin/der Moderator sollte in diesem Zusammenhang
der Gruppe Vorschläge machen, die diese bestätigt, anpasst oder verwirft. Auch
sollten Regeln der Zusammenarbeit definiert werden, die jede Teilnehmerin und
jeder Teilnehmer explizit anerkennen sollte.

> **Wichtig**
> Folgende vier Regeln der Zusammenarbeit haben sich aus unserer Sicht als Grund-
> lage der Zusammenarbeit in einem Workshop bewährt:
> 1. Verbindlichkeit
> 2. Vertraulichkeit
> 3. Konfrontierbarkeit
> 4. Selbstverantwortlichkeit
> Hierdurch wird erreicht, dass sich die Teilnehmenden ihrer Verantwortung in der Zu-
> sammenarbeit bewusst sind, dass ein sicherer Raum zur Zusammenarbeit geschaffen
> wird und dass Unstimmigkeiten und Konflikte zielgerichtet bearbeitet werden kön-
> nen. Je nach Situation und Thema können und sollten diese grundlegenden Regeln
> natürlich ergänzt werden.

Sehen wir uns einmal exemplarisch zwei aus unserer Sicht gut geeignete Methoden
für die Einstiegsphase an:
1. **Soziometrische Aufstellungen**
   Die Teilnehmenden stellen sich anhand von Fragen im Raum auf. Dabei ver-
   ständigen sie sich untereinander, um ihre Positionierung zueinander und im
   Raum zu bestimmen. Möglichkeiten sind beispielsweise, dass die Teilnehmenden Cluster bilden (z. B. nach Hobbys oder erstem Beruf), sich bezogen auf
   einen Mittelpunkt ausrichten (z. B. nach dem Grad der Betroffenheit) oder sich
   auf einer imaginären Landkarte positionieren (z. B. nach ihrem Geburtsort).
   Der Vorteil der soziometrischen Aufstellungen ist, dass diese wenig Zeit be-
   anspruchen, einen Überblick geben und die Teilnehmende aktivieren sowie in
   Kontakt zueinander bringen.

4

Pia Schmidt möchte zu Beginn ihrer Moderation die Gruppe aktivieren und in Bewegung bringen. Daher wählt sie zu Beginn einige soziometrische Aufstellungen. Hierdurch lernt sie die Gruppe kennen und die Gruppe lernt sich untereinander ebenfalls besser kennen. Gleichzeitig sind alle in Bewegung und im Gespräch. Als einfache Einstiegsfrage fragt sie nach dem Geburtsort. Sie spannt hierzu im Raum eine virtuelle Deutschlandkarte auf. Eine Seite des Raumes ist Flensburg, die gegenüberliegende Seite ist der Bodensee, die nächste ist Aachen und ihr gegenüber liegt Frankfurt/Oder. Die Teilnehmenden sollen sich nun anhand der Frage „Wo sind Sie geboren?" auf der imaginären Deutschlandkarte positionieren.

Um sich einen Überblick über die Stimmung in der Gruppe zu verschaffen, stellt sie die Frage „Wie ist Ihre Stimmung heute Morgen auf einer Skala von 1 bis 10? 10 steht für ‚alles prima' und 1 für ‚sehr schlecht'." Die Auszubildenden und auch Herr Meier stellen sich entsprechend in einer Reihe auf, wobei das eine Ende der Reihe für den Wert 1 und das andere Ende für den Wert 10 auf der Skala steht. Während sich die Teilnehmenden sortieren, spricht Frau Schmidt diese an, stellt ergänzende Fragen und auch die Teilnehmenden untereinander unterhalten sich rege. Oft lächeln und lachen sie. ◀

2. Die gemalte Vorstellung

Zwei Teilnehmende interviewen sich gegenseitig mit vier Fragen, die sowohl den persönlichen als auch den professionellen Hintergrund betreffen können. Beispielsweise: 1. Meine berufliche Aufgabe; 2. Meine wichtigste Erwartung an den Workshop; 3. Mein persönliches Highlight im letzten Jahr; 4. Etwas positiv Überraschendes von mir. Auf einem Flipchart werden oben und unten zwei Quadrate mit je vier Feldern abgeteilt. Der oder die Interviewte beantwortet die Fragen und die Interviewerin oder der Interviewer visualisiert in den vier Feldern des oberen Quadrates die Antworten. Sind die vier Fragen beantwortet, wird gewechselt und die vier Felder des unteren Quadrates werden befüllt. Anschließend stellt die Interviewerin/der Interviewer jeweils die Interviewte/den Interviewten anhand der vier gezeichneten Antworten im Plenum vor.

❯ Wichtig

Häufig sind Gruppen zurückhaltend, wenn es darum geht, zu malen. Auf die Frage, ob die Teilnehmenden malen können, erhalten wir meistens die Antwort „nein" oder „sehr schlecht". Um die Gruppe aufzuschließen, hilft oft ein Perspektivenwechsel. Bitten Sie die Teilnehmenden, sich eine Gruppe Kinder vorzustellen und stellen die Frage „Was glauben Sie, würde eine Gruppe kleiner Kinder – beispielsweise eine Kindergartengruppe – auf die Frage ‚Könnt Ihr malen?' antworten?". Meistens Lächeln die Teilnehmenden als Antwort auf die Frage, und nachdem sie begonnen haben zu zeichnen, verliert die Frage ihre hemmende Bedeutung.

❓ Reflexionsaufgabe

Bitte erinnern Sie sich an Workshops, bei denen Sie dabei waren. Wie war der Einstieg jeweils methodisch gestaltet? Was hat Ihnen gefallen und was nicht?

4.3.2 Inhaltliche Arbeit

Nach dem Einstieg folgt die eigentliche zielgerichtete inhaltliche Arbeit. Dabei ist die Arbeitsteilung so, dass die Moderatorin/der Moderator für den Prozess verantwortlich ist und die Gruppe für die inhaltliche Arbeit. Alle Ergebnisse, die erarbeitet werden, sind Ergebnisse der Gruppe. Damit diese Vorgabe umgesetzt werden kann, sollte die Gruppe mit allem, was geschieht, einverstanden sein. Die Moderatorin/der Moderator bietet daher ihren/seinen Vorschlag zum Ablauf des Workshops bzw. der moderierten Gruppenarbeit der Gruppe an und die Gruppe entscheidet darüber, inwieweit dieser unverändert oder auch mit Anpassungen umgesetzt wird. Damit die Gruppe eine solche Entscheidung treffen kann, sollte die Moderatorin/der Moderator jeden methodischen Schritt der Gruppe erläutern und deren Einverständnis einholen. Auf dieses Einverständnis kann die Moderatorin/der Moderator sich im weiteren Verlauf beziehen, um die Gruppe auch durch Passagen zu führen, in der sie/er diese Unsicherheit verspürt. Die systematische Einführung der Gruppe in einen methodischen Schritt sollte folgende Elemente enthalten:

1. **Ziel** des Arbeitsschrittes
2. **Begründung** des gewählten methodischen Schrittes
3. Organisatorischer **Ablauf** des Schrittes (Gruppenform, Zeiten, sonstige Arbeitsregelungen (z. B. Raumverteilung, Materialien))
4. **Arbeitsaufgabe**/Arbeitsfrage

Nachdem die Moderatorin/der Moderator der Gruppe die genannten Punkte erläutert hat, werden zunächst Fragen der Gruppe zum Verständnis geklärt. Erst wenn jeder Teilnehmende sämtliche Punkte verstanden hat, bittet die Moderatorin/der Moderator um das Einverständnis der Gruppe, diesen Arbeitsschritt wie besprochen zu bearbeiten. Danach beginnt die Gruppenarbeit wie vereinbart.

Die Ergebnisse jedes methodischen Schrittes sind zu sichern, um diese für Folgeschritte verfügbar zu machen. Dabei kommt es darauf an, dass sämtliche Ergebnisse allen Teilnehmerinnen und Teilnehmern zur Verfügung stehen. Arbeitet die Gruppe im Plenum, stellt die Moderatorin/der Moderator durch geeignete Visualisierung sicher, dass die Ergebnisse für alle Teilnehmenden sichtbar sind. Finden Kleingruppenarbeiten statt, sind die Ergebnisse zunächst in Eigenregie der Kleingruppe zu dokumentieren. Dabei kann die Moderatorin/der Moderator durch geeignete Vorschläge unterstützen. Die Ergebnisse der Kleingruppenarbeit sind anschließend dem gesamten Plenum zur Verfügung zu stellen. Die Moderatorin/der Moderator ist dafür verantwortlich, dass die gesamte Gruppe alle Ergebnisse wahrnehmen kann.

4

> ▶ **Fallbeispiel**

Pia Schmidt bietet der Gruppe an, in zwei Kleingruppen die Frage „Wie können wir unsere Zusammenarbeit verbessern?" zu besprechen. Mit diesem Arbeitsschritt ist die Zielsetzung verbunden, eine Arbeitsgrundlage zu erhalten, auf deren Basis die Gruppe im Anschluss konkrete Maßnahmen planen kann. In Kleingruppen ist es einfacher, sicherzustellen, dass jeder zu Wort kommt und in kürzerer Zeit können viele Antworten erarbeitet werden, die im Anschluss im Plenum zu einem Gesamtbild (z. B. mit einer Priorisierung) verarbeitet werden können.

Als Zeitrahmen schlägt Pia Schmidt 45 Minuten vor. Die Arbeitsergebnisse sollen die Gruppen auf Karten notieren, die dann im Anschluss von den Gruppen an einer Pinnwand präsentiert werden sollen. Die Gruppe stimmt dem Vorgehen zu und beginnt mit der Arbeit in den Kleingruppen. ◄

Durch jede Moderation ziehen sich grundlegende Methoden, Aufgaben und Arbeitsformen. Folgende Punkte sind **Bestandteile jeder Moderation**:

1. **Gruppenarbeitsformen und Settings**

   Gruppenarbeitsformen und Settings beschreiben die Art und Weise, wie die Zusammenarbeit organisiert wird. Die Arbeitsform beschreibt dabei, wie die Gruppe in der Zusammenarbeit strukturiert wird. Die Möglichkeiten reichen von der Zusammenarbeit im gesamten Plenum über Kleingruppen mit vier bis sieben Teilnehmenden bis hin zu Zweier- oder Dreiergruppen. Besonders in der Anfangsphase kann es sinnvoll sein, kurze Sequenzen in Einzelarbeit zu gestalten, um z. B. einen intensiven Ich-Bezug in der Thematik zu erreichen. Das Setting beschreibt die räumliche Anordnung der Zusammenarbeit. Je offener eine Themenstellung, desto offener auch das Setting. Dabei schaffen **marktförmige Settings** (d. h. im Raum sind beispielsweise „Stände" zu unterschiedlichen Themenstellungen verteilt, die Teilnehmenden können sich frei im Raum bewegen und sich frei entscheiden, mit welchen Themen sie sich befassen möchten) eine sehr offene und kreativitätsfördernde Atmosphäre (z. B. World Café, vgl. ▶ Abschn. 5.1.1), **kreisförmige Settings** (z. B. Stuhlkreis) betonen den gleichberechtigten Aspekt in der Gruppe und fördern die Diskussion und **metrische Settings** (d. h. die Teilnehmenden nehmen in einer vorgegebenen Ausrichtung Platz, z. B. Präsentation, Podiumsdiskussion) dienen der konzentrierten Vermittlung von Informationen.

2. **Fragetechniken**

   Mit Fragen hilft die Moderatorin/der Moderator der Gruppe, zielgerichtet das Arbeitsthema zu beleuchten, neue Perspektiven und Sichtweisen zu finden sowie Arbeitsstände zu reflektieren. Um zum Gespräch und zur Diskussion anzuregen, sollten die Fragen offen gestellt sein. Die Fragen sollten von echtem Interesse zeugen und die Gruppe neugierig machen. Schließlich sollen die Fragen für alle Teilnehmenden verständlich sein, so dass alle in der Lage sind, darauf zu antworten. Fragen können in der Diskussion per Zuruf beantwortet werden. Die Moderatorin/der Moderator hält die Antworten beispielsweise am Flipchart fest. Um Antworten direkt zu visualisieren und für die weitere Verarbeitung zugänglicher zu machen, können Karten- oder Punkteabfragen eingesetzt werden. Bei der **Kartenabfrage** werden die Antworten von den Teilnehmenden auf Karten geschrieben. Anschließend werden sie erläutert und an eine Pinnwand gebracht. Bei der **Punkteabfrage** bringen die Teilnehmenden ihre Antwort bzw. ihre Antworten als Punkt bzw. Punkte an einer vorgefertigten Liste oder Skala an. Hierüber können beispielsweise Prioritäten oder Wichtigkeiten abgefragt werden.

3. **Visualisierung**

   Die Visualisierung von Arbeitsinhalten und Ergebnissen hilft der Gruppe, diese zu verstehen und in gleicher Art und Weise zu interpretieren. Sie zwingt dazu, Wichtiges von Unwichtigem zu trennen und so den Teilnehmenden die Konzentration auf das Wesentliche zu erleichtern. Auch können komplexe Sachverhalte hierdurch verständlicher aufbereitet und vermittelt werden. Schließlich dient die Visualisierung auch der Dokumentation, wodurch zu jedem Zeitpunkt der Arbeitsstand für die gesamte Gruppe sichtbar ist. Im Moderationsprozess können verschiedene Formen der Visualisierung genutzt werden. Beispielsweise kann die Moderatorin/der Moderator **Präsentationen** (z. B. mit Microsoft PowerPoint) und Plakate (z. B. auf einem Flipchart) vorbereitet für Gruppenarbeiten zur Verfügung stellen. In der Gruppenarbeit können Ergebnisse auf dem **Flipchart** aufgezeichnet werden. Mit Papier bespannte **Pinnwände** eignen sich, um mit Karten in unterschiedlichen Formen zu arbeiten und gleichzeitig ergänzende Inhalte (z. B. Rahmen und Überschriften für Cluster) direkt zu notieren.

4. **Ergebnissicherung**

   Die Ergebnisse der moderierten Gruppenarbeit sind zu dokumentieren und zu sichern. Die Form der Ergebnissicherung richtet sich nach der Aufgabenstellung und Zielsetzung der Zusammenarbeit. So kann ein Ergebnis eine unpriorisierte oder priorisierte **Liste** sein. Diese Liste kann Themen oder auch Empfehlungen für die weitere Arbeit enthalten. Wird diese Liste um verantwortliche und unterstützende Personen, um Termine oder Zeiträume sowie um Kriterien zu deren Erfüllung ergänzt, entsteht ein **Maßnahmenkatalog** oder **-plan**. Auch können im Ergebnis **Entscheidungen** getroffen werden. Diese sind so zu dokumentieren, dass sie im Anschluss anderen Beteiligten zugänglich gemacht werden und umgesetzt werden können. Da häufig in der Diskussion Punkte aufkommen, die aus verschiedenen Gründen nicht in der moderierten Gruppensitzung bearbeitet werden können, sollte als ein Ergebnis ein **Themenspeicher** vorgesehen werden. Auf einem Flipchart werden im Verlauf der Zusammenarbeit die offenen Punkte als Liste notiert und zum Abschluss der Sitzung entschieden und festgehalten, wie mit diesen im Nachgang zu verfahren ist.

❓ **Reflexionsaufgabe**

Nehmen Sie sich nun bitte Ihren vorbereiteten Workshop-Plan erneut vor. Die Spalte Methode/Material ist noch frei. Überlegen Sie bitte, welche Methode für den jeweiligen Arbeitsschritt geeignet ist. Die zuvor genannten grundlegenden Methoden können Sie als erste Anregung nehmen. Bitte recherchieren Sie nach weiteren Methoden und wählen Sie die aus Ihrer Sicht jeweils geeignetste Methode aus. Zuletzt ergänzen Sie bitte das jeweils zur Umsetzung der Methode notwendige Material.

4.3.3 Schluss

Mit der Ergebnissicherung wird der Schluss der moderierten Gruppenarbeit ein-
geleitet. Für jeden Teilnehmenden wird transparent, was inhaltlich – bezogen auf
die vorher definierten Ziele und Arbeitsaufgaben – in der Zusammenarbeit ent-
standen ist. Die Ergebnisliste und/oder der Maßnahmenplan werden gemeinsam
verabschiedet. Auch sollte die Moderatorin/der Moderator den Raum schaffen,
dass sich die Teilnehmenden über die gemeinsam geleistete Arbeit freuen können.
Am Schluss der Gruppenarbeit sollten alle Beteiligten hinter den von ihnen erarbeiteten Ergebnissen stehen. Daher ist die Stimmungs- und Erwartungssituation
abzugleichen. Zum Abschluss erhalten die Teilnehmenden die Gelegenheit, sich
zu ihren am Anfang genannten Erwartungen und zu den Ergebnissen zu äußern.
Wurden die Erwartungen nicht erfüllt, ist dies im Themenspeicher zu dokumentieren. Außerdem sind hierzu und bei weiteren offenen Themen Maßnahmen zu
festzulegen, um die Diskrepanz zu beseitigen.

Neben der inhaltlichen Arbeit ist auch der moderierte Arbeitsprozess durch die
Teilnehmenden am Ende des Moderationsprozesses zu reflektieren. Anschließend
teilen sie der Moderatorin/dem Moderator ihr Feedback mit.

Zum Abschluss verabschiedet sich die Moderatorin/der Moderator von der
Gruppe und gibt auch den Teilnehmenden untereinander die Gelegenheit, sich zu
verabschieden.

4.4 Die Nachbereitung

Die Nachbereitung beginnt mit der Verabschiedung der Gruppe. Die Moderatorin/
der Moderator hat die Aufgabe, die Ergebnisse und ggf. den Verlauf der Gruppenarbeit zu protokollieren bzw. zu dokumentieren. Je nach Vereinbarung mit der
Gruppe bzw. der Auftraggeberin/dem Auftraggeber stellt die Moderatorin/der Moderator nur die Endergebnisse oder zusätzlich auch sämtliche Zwischenergebnisse
und Arbeitsstände als Fotodokumentation und/oder als Abschrift zur Verfügung.

> **Zusammenfassung in Schlagworten**
> - Nach der Entscheidung zur Durchführung einer Moderation erfolgt die **Auftrags-**
>   bzw. **Vertragsklärung** (Contracting) zwischen Auftraggeberin/Auftraggeber und
>   Moderatorin/Moderator. Dabei sollten folge Punkte besprochen werden:
>   - Der **Spielraum** der Gruppe sowie die **Ziele** der Moderation (nach den Konzep-
>   ten SMART und PIG formuliert)
>   - Zentrale **Themen** und Probleme sowie bisherige **Lösungsansätze**
>   - Kulturelle Bedingungen und **Zusammensetzung** der Gruppe
>   - **Anforderungen** an die Moderatorin/den Moderator
>   - Gegebenenfalls Methoden, **Vorgehen** und Technik
> - Bei der **Vorbereitung** auf die moderierte Gruppenarbeit bereitet die Moderatorin/
>   der Moderator das benötigte Material vor und plant…

- den **Einstieg** in die Zusammenarbeit (das heißt unter anderem die Begrüßung; das Zusammentragen der Ziele und Erwartungen; die Erklärung des Ablaufs und der Spielregeln; die gemeinsame Einstimmung),
- das **Vorgehen** während der inhaltlichen Arbeit (die zeitliche Planung; die Abarbeitung aller Teilziele und Fragen; konkrete Methoden, Visualisierung und Ergebnissicherung),
- den **Schluss** der Zusammenarbeit (Erstellung eines Umsetzungsplans; Abgleich von Zielen, Erwartungen und Ergebnissen; Feedback und Abschied).

- Der **Einstieg** in die moderierte Gruppenarbeit bietet der Gruppe die Möglichkeit, sich zu orientieren und aktiviert die Gruppenmitglieder für die gemeinsame Arbeit.
  - Zu diesem Zweck ist es wichtig, eine **Beziehung** zwischen der Moderatorin/dem Moderator und der Gruppe sowie unter den Gruppenmitgliedern aufzubauen, eine produktive Arbeitsatmosphäre zu schaffen und alle Teilnehmenden auf das Thema einzustimmen.
  - Für den Einstieg bieten sich Methoden wie z. B. *soziometrische Aufstellungen* oder *Die gemalte Vorstellung* an.
- Während der **inhaltlichen Arbeit** trägt die Moderatorin/der Moderator aktiv zur Gestaltung und Unterstützung des Arbeitsprozesses bei, die Gruppe ist zuständig für die Inhalte und trifft Entscheidungen.
  - Die Moderatorin/der Moderator macht **Vorschläge** zum Ablauf, begründet und erklärt diese genau. Die Gruppe **entscheidet**, ob und mit welchen Anpassungen die Vorschläge umgesetzt werden. Die Moderatorin/der Moderator überprüft, ob alle Teilnehmenden die methodischen Vorgänge sowie die daraus entstandenen Ergebnisse **verstanden** haben und mit ihnen **einverstanden** sind. Außerdem hilft sie/er beim Umgang mit bzw. bei der **Beseitigung von Störungen** und achtet darauf, dass die Gruppe **arbeitsfähig** bleibt.
  - **Bestandteile jeder Moderation** sind Gruppenarbeitsformen und Settings, Fragetechniken, die Visualisierung und Ergebnissicherung.
- Zum **Schluss** werden die Ergebnisse in geeigneter Art und Weise gesichert, die gemeinsame Arbeit reflektiert, einander Feedback gegeben und sich verabschiedet.
- Nach der Gruppenarbeit bereitet die Moderatorin/der Moderator die Zusammenarbeit in Form eines **Protokolls** bzw. einer Dokumentation nach und stellt diese der Gruppe bzw. der Auftraggeberin/dem Auftraggeber je nach Vereinbarung zur Verfügung.

Literatur

Freimuth, J. (2010). *Moderation*. Göttingen: Hogrefe.
Funcke, A., & Havenith, E. (2010). *Moderations-Tools. Anschauliche, aktivierende und klärende Methoden für die Moderations-Praxis*. Bonn: ManagerSeminare.
Gellert, M. & Nowak, C. (2014). *Teamarbeit – Teamentwicklung – Teamberatung. Ein Praxisbuch für die Arbeit in und mit Teams* (5. Aufl.). Meezen: Christa Limmer.
Graeßner, G. (2008). *Moderation – das Lehrbuch*. Augsburg: Ziel.

Hartmann, M., Rieger, M., & Luoma, M. (1999). *Zielgerichtet moderieren. Ein Handbuch für Füh-rungskräfte, Berater und Trainer* (2. Aufl.). Weinheim: Beltz.

Klebert. K., Schrader, E. & Straub, W. (2002). *Moderations-Methode. Das Standardwerk*. Hamburg: Windmühle.

Lubienetzki, U., & Schüler-Lubienetzki, H. (2016). *Sag mal: Wo geht's lang und wie kommen wir da-hin? Moderation* (Studienbrief der Hochschule Fresenius online plus GmbH). Idstein: Hoch-schule Fresenius online plus GmbH.

Lubienetzki, U., & Schüler-Lubienetzki, H. (2020a). *Lass uns miteinander sprechen. Psychologie der erfolgreichen Gesprächsführung*. Heidelberg: Springer.

Lubienetzki, U., & Schüler-Lubienetzki, H. (2020b). *Was wir uns wie sagen und zeigen. Psychologie der menschlichen Kommunikation*. Heidelberg: Springer.

Tuckman, B. W. (1965). Developmental sequence in small groups. *Psychological Bulletin, 63*(6), 384–399.

4

Besondere Settings und Herausforderungen der Moderation

Außergewöhnliche Gruppen und immer wiederkehrende Fallstricke

Inhaltsverzeichnis

Die Ausführungen in diesem Kapitel basieren auf folgendem Studienbrief: Lubienetzki, U. & Schüler-Lubienetzki, H. (2016). SAG MAL: WO GEHT'S LANG UND WIE KOMMEN WIR DAHIN? MODERATION. Studienbrief der Hochschule Fresenius online plus GmbH. Idstein: Hochschule Fresenius online plus GmbH.

Bestimmte Gruppen und Situationen stellen mitunter besondere An- und Herausforderungen an die Moderation. So gibt es Gruppengrößen, die zusätzlich zur Arbeit der Moderatorin/des Moderators nur durch besondere Settings und Formen der Zusammenarbeit zielgerichtet unterstützt werden können. Für die Moderation gilt außerdem: Alles kann passieren. Das macht sie einerseits so interessant und herausfordernd und andererseits lohnt es sich daher, auf immer wieder auftretende Herausforderungen vorbereitet zu sein.

⊜ Nach eingehender Lektüre dieses Kapitels können Sie …
- **Moderationsverfahren für Großgruppen** als solche identifizieren und beschreiben.
  - die Großgruppenverfahren *World Café* und *Open Space* sowie ihre Hintergründe erläutern.
- **Herausforderungen** in der Zusammenarbeit mit Großgruppen erklären und ihnen angemessen begegnen.
  - negativen **gruppendynamischen Effekten** am Anfang einer Moderation mit dem richtigen Einstieg entgegenwirken.
  - darlegen, warum sich die Moderatorin/der Moderator mit ihrem/seinem **Vorgehen** flexibel an die Gruppe **anpassen** muss, und nicht umgekehrt.
  - **Widerstände** in der Gruppe als solche benennen und mit ihnen zielführend umgehen.

5.1 Großgruppenverfahren

Bisher haben wir uns in diesem Buch mit Gruppen befasst, die bis zu 20–25 Teilnehmende umfassen. Bei mehr als 25 Teilnehmenden beginnt der Bereich, bei dem wir von **Großgruppen** sprechen. Prinzipiell ist die Größe von Großgruppen nach oben unbeschränkt, praktisch existieren jedoch Grenzen, wenn wir uns vor Augen führen, dass diese Gruppen Raum, Material und weitere logistische Rahmenbedingungen benötigen, um arbeitsfähig zu werden.

Großgruppen sind allein aufgrund der Anzahl der Teilnehmenden nicht mehr den klassischen Moderationsansätzen und -methoden zugänglich. Dennoch entsteht häufig der Bedarf, auch für solche großen Teilnehmerzahlen Arbeitsformate zur Verfügung zu stellen, die über die reine frontale Wissen- und Informationsvermittlung hinausgehen. In diesem Sinne ist das Public Viewing eines Fußballspiels genauso wenig eine solche Großgruppenveranstaltung wie eine Konferenz mit 1500 Teilnehmenden, die in drei Stunden den Vorträgen von drei Key-Note-Speakern zuhören und im Anschluss an jeden Vortrag für fünf Minuten die Gelegenheit erhalten, Fragen zu stellen (Dittrich-Brauner et al. 2013; Freimuth 2010; Graeßner 2008 sowie Klebert et al. 2002).

Folgende **Kriterien** legen wir zugrunde, wenn wir von *moderierten Großgruppenverfahren* sprechen (vgl. Dittrich-Brauner et al. 2013):
1. Mehr als 25 Personen sollen gezielt zusammenarbeiten.
2. Der Zusammenarbeit soll ein definierter Rahmen gegeben werden.

3. Ein gesteuerter und moderierter, dabei aber ergebnisoffener Prozess wird gemeinsam durchlaufen.
4. Gemeinsam wird an der Verbesserung des Systems, der Prozesse oder der Beziehungen gearbeitet.
5. Die Selbstverantwortlichkeit und Selbstorganisationsfähigkeit der Teilnehmerinnen und Teilnehmer wird genutzt und gesteigert.

Im Folgenden werden wir uns zwei Großgruppenverfahren näher ansehen: das World Café und Open Space.

5.1.1 World Café

Das Großgruppenverfahren **World Café** wurde Mitte der 90er-Jahre des letzten Jahrhunderts von Juanita Brown und David Isaacs (2005) entwickelt. Dabei ist bemerkenswert, dass dieses Verfahren nicht gezielt für eine Großgruppe ausgearbeitet wurde, sondern sich im Rahmen eines eigentlich klassischen Workshops spontan herausgebildet hat. Aufgrund widriger Witterung konnte ein im Freien vorgesehener Workshop nicht wie geplant stattfinden. Stattdessen wurde in einem Raum mit verschiedenen Tischen, Flipchart-Papier als Tischdecken sowie Kaffee und Croissants eine Kaffeehausatmosphäre geschaffen, die von den Teilnehmenden spontan angenommen wurde. Erst im Nachhinein haben Brown und Isaacs ihre Methode dokumentiert und der Öffentlichkeit vorgestellt. Der Name *World Café* ist dabei Programm. Es wird tatsächlich eine Kaffeehaus-Atmosphäre erzeugt, die die Teilnehmenden anregt, sich wie in einem echten Kaffeehaus in ungezwungener Gesprächsatmosphäre auszutauschen. Das Verfahren ist darauf ausgerichtet, große Gruppen zum kreativen Meinungsaustausch anzuregen. Es ist weniger geeignet, um konkrete Maßnahmen zu planen und Entscheidungen in Großgruppen vorzubereiten oder gar zu treffen. Hierfür sind andere Methoden, beispielsweise Aktions- oder Planungsgruppen, erforderlich, um aus der Fülle von Vorschlägen oder Ergebnissen Pläne entstehen zu lassen (Dittrich-Brauner et al. 2013).

Angelehnt an Dittrich-Brauner et al. (2013) läuft eine World Café-Veranstaltung nach folgenden **Prinzipien** ab:

1. **Klären Sie sorgfältig den Auftrag.**
   Wie bei klassischen Moderationsformaten ist es unbedingt notwendig, mit der Auftraggeberin/dem Auftraggeber die Ziele und Inhalte der Veranstaltung im Vorfeld zu klären. Lautet das Ziel, gemeinsam neue Ideen oder neue Wege zu entdecken und sich in einer großen Gruppe kreativ auszutauschen, ist das Verfahren hierfür geeignet. Maßnahmenpläne oder Entscheidungen sind im World Café nicht zu erarbeiten.
2. **Nehmen Sie den Begriff Café bzw. Kaffeehaus wörtlich.**
   Das World Café lebt von der angenehmen und ungezwungenen Umgebung. Es darf nach Kaffee duften, die Tische dürfen mit frischen Blumen geschmückt sein und der gesamte Raum soll an ein Kaffeehaus erinnern.
3. **Stellen Sie relevante Fragen, die neugierig machen.**

An den Tischen, die mit vier bis fünf Teilnehmenden besetzt sind, können die gleichen oder auch unterschiedliche Fragen diskutiert werden. Wichtig ist, dass die Fragen die Teilnehmenden zur Diskussion anregen.

4. **Ermutigen Sie die Teilnehmenden, sich einzubringen.**

Die Kleingruppen-Atmosphäre an den Tischen ermöglicht es auch eher zurückhaltenden Teilnehmenden, sich mit ihren Beiträgen einzubringen. Alle dürfen ihre Gedanken niederschreiben – und zwar direkt auf die Tischdecke.

5. **Sorgen Sie für Perspektivenwechsel.**

Die Teilnehmenden wechseln in regelmäßigen Abständen die Tische. Jeweils ein „Gastgeber" oder eine „Gastgeberin" verbleibt am Tisch, begrüßt die neuen Teilnehmer/-innen und erläutert den Stand der Diskussion. Nach dem Wechsel der Tische können neue Fragestellungen in den Prozess gegeben werden oder der Wechsel ist so strukturiert, dass jeder Tisch eine bestimmte Fragestellung betrachtet, die durch die neuen ‚Gäste' aufgegriffen und ergänzt wird.

6. **Lassen Sie für jede einzelne Teilnehmerin/für jeden einzelnen Teilnehmer und für alle zusammen neue Erkenntnisse entstehen.**

Die ungezwungene Atmosphäre lädt zum Zuhören ein. Die Teilnehmenden sollen Lust bekommen, nicht nur ihre eigene Sicht auf die Themen zu äußern, sondern die Sicht vieler unterschiedlicher Menschen zu erfahren. Für jede Teilnehmerin/jeden Teilnehmer entsteht somit ein wertvoller Erkenntnisgewinn und in der Summe ein übergreifender Nutzen für die gesamte Gruppe.

7. **Teilen Sie die Ergebnisse.**

Nach mehreren Runden und Tischwechseln, sollten die Erkenntnisse zusammengeführt werden. Die Gastgeber der Tische fassen die Ergebnisse für das Plenum zusammen. Dazu bilden die beschrifteten Tischdecken ihre Präsentationsgrundlage. Die Ergebnisse der Tische sollten übergreifend dokumentiert und vermittelt werden. So kann beispielsweise eine Marktplatzsituation geschaffen werden, auf der die Gruppen zwischen den Tischen umherwandern und an jedem Tisch durch eine Teilnehmerin/einen Teilnehmer in die Ergebnisse eingewiesen werden.

▶ Fallbeispiel

Das Unternehmen Baumaschinen Schmidt GmbH gab es nun schon elf Jahre. Ralf Schmidt hatte bei unterschiedlichen Gelegenheiten und in unterschiedlichen Zusammenhängen gegenüber den Mitarbeiterinnen und Mitarbeitern sowie Kundinnen und Kunden erläutert, was Baumaschinen Schmidt GmbH für ein Unternehmen ist und welche grundsätzlichen Leitlinien die Arbeit und Zusammenarbeit bestimmen. Ausformuliert und für jeden zugänglich gab es jedoch nichts dergleichen. Daher fasste er den Entschluss, für Baumaschinen Schmidt GmbH ein Leitbild zu entwerfen. Da sich alle Mitarbeiter/-innen mit dem Leitbild identifizieren sollten, wollte er auch alle Mitarbeiterinnen und Mitarbeiter in die Entwicklung einbeziehen. Er fragte dazu seine Schwester nach einer dafür geeigneten Veranstaltungsform, der spontan das World Café einfiel.

Die zentrale Fragestellung sollte sein: „Welche Ideen haben Sie zum Leitbild der Baumaschinen Schmidt GmbH?" ◀

❓ Reflexionsaufgabe

Herr Schmidt wendet sich mit der Moderationsaufgabe an Sie, das Leitbild der Baumaschinen Schmidt GmbH unter Einbezug aller Beschäftigten zu erarbeiten. Sie schlagen ihm das Großgruppenverfahren World Café vor. Erläutern Sie Herrn Schmidt bitte, wie Sie sich den Einsatz des World Café vorstellen.

5.1.2 Open Space

Das Großgruppenverfahren **Open Space** geht zurück auf Harrison Owen (2008), der es Mitte der 1980er-Jahre das erste Mal einsetzte. Die Idee zu Open Space entsprang der Beobachtung, dass im Rahmen einer klassischen Konferenz, mit Plenumsvorträgen und Kaffeepausen zwischen den Vortragsblöcken, die Teilnehmenden in den Vorträgen eher gelangweilt und häufig abgelenkt agierten und sich erst in den Kaffeepausen kreative und inspirierende Gespräche entwickelten. Die Idee von Open Space lautet deshalb, die Gespräche und Aktivitäten in den Kaffeepausen zum eigentlichen Konferenzmittelpunkt zu machen.

Im Rahmen von Open Space wird eine Marktplatzatmosphäre geschaffen, in der sich alle Teilnehmenden dem Stand bzw. der Gruppe zuwenden können, die sie in einem Augenblick am meisten interessieren. Verliert eine Teilnehmerin/ein Teilnehmer das Interesse oder bemerkt sie/er, dass sie/ihn eine andere Gruppe mehr interessiert, kann sie/er die Gruppe jederzeit wechseln. *Open Space*, also *freier Raum*, ist dabei wörtlich zu verstehen. Den Teilnehmerinnen/Teilnehmern wird lediglich ein Leitthema oder eine fokussierende Frage gestellt (z. B. „Das zukünftige Leitbild der Baumaschinen Schmidt GmbH"). Danach führen Leidenschaft und Verantwortung die Menschen in der richtigen Konstellation zusammen. Erreicht wird dies dadurch, dass niemand zur Teilnahme gezwungen wird. Open Space ist freiwillig und es treffen dadurch nur Menschen aufeinander, die Interesse am Thema haben und bereit sind, für das Thema Verantwortung zu übernehmen (Dittrich-Brauner et al. 2013).

Open Space startet in einem kreisförmigen Setting (z. B. Stühle im Kreis, je nach Teilnehmeranzahl und Raumgröße sind auch mehrere ineinander liegende Kreise denkbar). Auf diese Weise hat die Moderatorin/der Moderator die Gelegenheit, am Anfang alle Teilnehmenden anzusprechen und zu erreichen. Er bzw. sie erläutert das Thema bzw. die Fragestellung und überlässt danach den Teilnehmenden das Feld und eröffnet den *freien Raum*. Es gibt keinerlei Vorgaben mehr. In aller Regel stehen Räume bereit, in denen sich die Teilnehmenden in den entstehenden Gruppen versammeln können, und Moderationsmaterialien (Flipcharts, Pinnwände, Moderationskoffer etc.) werden zur Verfügung gestellt. Wer wohin geht und sich mit welchem Thema befasst, steht allen Teilnehmenden zu jeder Zeit absolut frei. Diese Vorgehensweise führt anfänglich häufig zu Unsicherheiten bei den Teilnehmenden, da ihnen der gesamte weitere Ablauf überlassen bleibt (Freimuth 2010; Dittrich-Brauner et al. 2013).

Vier Leitsätze bzw. Leitlinien bestimmen das Verfahren Open Space (Freimuth 2010, S. 46; Dittrich-Brauner et al. 2013, S. 55):

1. „Wer immer kommt, es sind die richtigen Leute." bzw. „Wer immer kommt, es ist die richtige Person."
2. „Was immer geschieht, ist das Einzige, was geschehen kann."
3. „Es fängt an, wenn die Zeit reif ist." bzw. „Es startet immer zur richtigen Zeit."
4. „Vorbei ist vorbei." bzw. „Wenn es vorbei ist, ist es vorbei."

Auch für die Visualisierung und Ergebnissicherung sind die Gruppen selbst verantwortlich. Hierfür sollten ausreichend Flipcharts und Pinnwände zur Verfügung stehen (Dittrich-Brauner et al. 2013).

Große Gruppen sind eine besondere Situation und stellen besondere Herausforderungen an die Moderatorin/den Moderator. Meistens haben wir es in der Moderation mit deutlich kleineren Gruppengrößen zu tun. Aber auch dort gibt es Herausforderungen und Fallstricke, mit denen wir umgehen müssen. Diesen widmen wir uns im nächsten Abschnitt.

5.2   Herausforderungen und Fallstricke

5.2.1   Gruppendynamische Effekte am Anfang einer Moderation

In ▶ Abschn. 3.3 haben wir uns mit der Gruppe und ihrer Entwicklung befasst. Eine Gruppe entwickelt sich im Laufe des Gruppenprozesses in vier Phasen: Orientierungsphase, Positionsfindungsphase, Organisationsphase und Arbeitsphase. Insbesondere die ersten beiden Phasen sind dadurch gekennzeichnet, dass die Mitglieder sich noch nicht oder nur wenig kennen, dass die Beziehungen untereinander ungeklärt sind und dass es im Klärungsprozess zu Widerständen und Konflikten kommen kann (Gellert und Nowak 2014).

In frühen Phasen der **Gruppenentwicklung**, d. h. zu Beginn der moderierten Gruppenarbeit, sollten Aktivitäten und Methoden eingesetzt werden, die die mögliche Unsicherheit der Teilnehmenden berücksichtigen. Gerade zum Einstieg in die Moderation gilt es, den Punkt zu treffen, an dem die Teilnehmenden aktiviert werden, ohne dass sie sich überfordert fühlen (Graeßner 2008).

❯❯ **Wichtig**
Das folgende Beispiel haben wir in ähnlicher Form bei Graeßner (2008) gefunden und auf das Fallbeispiel der Baumaschinen Schmidt GmbH der Mediatorin Pia Schmidt übertragen.

▶ Fallbeispiel
Pia Schmidt ist eine sehr erfahrene Moderatorin. Doch auch bei ihr geht nicht immer alles glatt. Erst neulich hatte sie in einer Anfangssequenz die Dynamik in einer Gruppe unterschätzt. Sie war davon ausgegangen, dass in der Gruppe eine gewisse Vertrautheit vorhanden war, da diese bereits einige Zeit zusammenarbeitete. Um die Gruppe zu aktivieren, hatte sie sich überlegt, dass alle Teilnehmenden die Schuhe ausziehen, im Stuhlkreis auf ihre Stühle steigen und sich dann nach ihrem Alter ordnen, ohne dabei den Boden zu berühren.

Auf ihre Bitte schauten einige Teilnehmenden erst erstaunt, andere legten ein Blatt Papier auf den Stuhl, um ihre Schuhe nicht ausziehen zu müssen, und insgesamt war die Übung eher von zurückhaltender Distanz als von aktiver Nähe geprägt.

Nach dem Workshop wertete sie insbesondere diese Übung aus und kam zu dem Schluss, dass sie zu Beginn verschiedene Grenzen der Teilnehmenden überschritten und verletzt hatte. Bereits die Schuhe auszuziehen, war für einige Teilnehmenden eine Grenze, die sie nicht überschreiten konnten. Auch die anschließende Nähe zu den anderen Teilnehmenden verursachte deutliches Unwohlsein. Sie kam zu dem Schluss, dass diese Übung eher zu einer Gruppe passte, die bereits sehr vertraut miteinander umgeht und in der körperliche Nähe möglich ist. ◄

5.2.2 Planung ersetzt den Zufall durch den Irrtum

Eine gute Vorbereitung bildet die wichtigste Grundlage einer Moderation. In den ► Abschn. 4.1 und 4.2 haben wir uns ausführlich damit befasst, welche Fragen im Vorfeld einer Moderation zu klären sind und was alles vorbereitet werden sollte. Gleichzeitig gilt: Je akribischer eine Moderation vorbereitet ist, desto wahrscheinlicher ist es, dass vom geplanten Vorgehen abgewichen werden muss.

Die Gruppe bestimmt, was passiert und was erarbeitet wird und nicht die Moderatorin/der Moderator. Daher sollte der Grundsatz beachtet werden, dass der Plan auf die Gruppe und ihre Arbeit abgestimmt wird und nicht umgekehrt. Ein Erzwingen bestimmter Ergebnisse, die gut zum Plan passen würden, hat zur Folge, dass die Moderatorin/der Moderator die Gruppe verliert und Widerstände entstehen (Graeßner 2008).

❯ **Wichtig**

Auch dieses Beispiel haben in ähnlicher Form wir bei Graeßner (2008) gefunden und auf das Fallbeispiel der Baumaschinen Schmidt GmbH und der Mediatorin Pia Schmidt übertragen.

► Fallbeispiel

Zu Beginn ihrer Tätigkeit als Moderatorin hatte Pia Schmidt jeden Schritt der Moderation akribisch geplant. Sie fühlte sich dann einfach viel sicherer. Dieses hatte zur Folge, dass sie manchmal ihren Plan über die Gruppe stellte, was zwar zu den gewünschten Ergebnissen führte, die Gruppe aber am Ende sich nicht mit den Ergebnissen identifizierte.

In einer ihrer ersten Moderationen hatte sie nach einer Kleingruppenarbeit viele Karten bekommen. Sie hatte sich genau überlegt, wie sie die Karten an der Pinnwand sortieren wollte. Also tat sie dies und die Gruppe schaute zu. Nachdem sie zwei Drittel der Karten sortiert hatte, stand das Ergebnis bereits und sie entschloss sich aus Zeitgründen, die restlichen Karten beiseitezulegen. Die Gruppe war zunächst ruhig. Im weiteren Verlauf kam es zu Widerständen, als die Ergebnisse weiterverarbeitet werden sollten. Am Ende waren die Teilnehmenden sehr zurückhaltend, die Ergebnisse als ihre zu akzeptieren.

Bereits während des Workshops erkannte sie ihren Fehler: Ihr Wunsch, dass ihr Plan aufging, war so groß, dass sie die Ergebnisse erarbeitet hatte und nicht die Gruppe. Seit diesem Zeitpunkt achtet sie sehr genau darauf, dass sie sich aus der inhaltlichen Arbeit heraushält. ◄

5.2.3 Widerstände in Gruppen

Was im Gespräch zwischen zwei Menschen bezogen auf Widerstand gilt (vgl. hierzu Lubienetzki und Schüler-Lubienetzki 2020), gilt auch für Widerstand in Gruppen. Den Begriff **Widerstand** definieren wir wie folgt:

> **Definition**
>
> **Widerstand** ist alles das, was uns in der Kommunikation mit anderen Menschen an unserer Zielerreichung hindert.

Die Matrix in ◘ Abb. 5.1 zeigt, wie sich Widerstand äußern kann.

Im Gespräch zwischen zwei Menschen bedeutet Widerstand, dass sich der eine Mensch der Zielerreichung des anderen Menschen in den Weg stellt. In der moderierten Gruppenarbeit kommt hinzu, dass der Widerstand einer einzelnen Teilnehmerin/eines einzelnen Teilnehmers dazu führen kann, dass andere Teilnehmende ebenfalls in den Widerstand gehen. In der Gruppe kann die Widerstandsform des Agitierens gezielt genutzt werden, andere Gruppenmitglieder ebenfalls zum Widerstand zu animieren (Gührs und Nowak 2014).

Spüren wir als Moderatorin/Moderator Widerstand in der Gruppe, gilt es, angemessen darauf zu reagieren. Zunächst ist zu ergründen, wogegen sich der Widerstand richtet. In der Arbeit mit Gruppen kann sich nach Gührs und Nowak der

	verbal	non-verbal
aktiv	**Streiten** z. B. Infragestellen Debattieren Widersprechen Nörgeln	**Agitieren** z. B. beleidigt sein Koalitionen bilden Streiken Sabotieren
passiv	**Ausweichen** z. B. Redefinieren Bagatellisieren Rationalisieren Überdetaillieren	**Sich entziehen** z. B. Schweigen Vergessen Verschlafen Wegbleiben

◘ **Abb. 5.1** Erscheinungsformen des Widerstands. Widerstand kann aktiv oder passiv sein und verbal oder nonverbal ausgedrückt werden. Die Erscheinungsformen sind vielfältig. (Quelle: Gührs und Nowak 2014, S. 278)

Widerstand gegen „das Thema", „den Prozess", „die Rahmenbedingungen" oder „den Leiter" bzw. die Moderatorin/den Moderator richten (Gührs und Nowak 2014, S. 281). Moderatorinnen/Moderatoren könnten dazu neigen, den Widerstand voreilig auf sich zu beziehen. Richtet sich der Widerstand gegen etwas anderes, würde dieser Eigenbezug zu unangemessenen Reaktionen führen, die ihrerseits Widerstand gegen die eigene Person auslösen können (Gührs und Nowak 2014).

Eine zielführende **Intervention**, d. h. eine zielgerichtete Maßnahme oder Reaktion, mit der wir bei unserer Gesprächspartnerin/unserem Gesprächspartner eine bestimmte Wirkung erzielen möchten, kann nur dann erfolgreich sein, wenn wir das Motiv hinter dem Widerstand hinreichend genau kennen (Gührs und Nowak 2014).

> **Definition**
>
> Eine **Intervention** ist eine zielgerichtete Maßnahme, mit der (bei unserem Gesprächspartner) eine gewünschte Reaktion erreicht werden soll (vgl. o. V. 2020).

Die zweite relevante Dimension ist die Wirkung des Widerstands. Mit dem Anstieg der negativen Wirkung des Widerstands auf unsere persönliche Zielerreichung verändert sich auch unsere Reaktion. Im Extremfall leistet unser Gesprächspartner zwar Widerstand, dieser ist jedoch nahezu bedeutungslos für unsere Zielerreichung. Folglich müssen wir auch nicht unbedingt auf den Widerstand reagieren (Gührs und Nowak 2014).

Spannen wir eine Matrix zwischen unserer Akzeptanz der Motive des Widerstands und dessen negativer Wirkung, ergeben sich die Interventionsstrategien in ◨ Abb. 5.2 (Gührs und Nowak 2014).

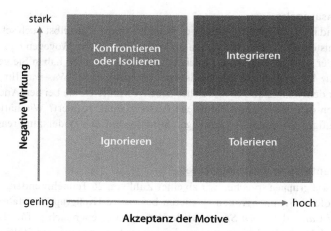

◨ **Abb. 5.2** Interventionsstrategien bei Widerstand. Je nach negativer Wirkung des Widerstands und der eigenen Akzeptanz der hinter dem Widerstand liegenden Motive ergeben sich unterschiedliche Interventionsstrategien. Ist die negative Wirkung gering, ist es oft die beste Strategie, nichts zu tun und den Widerstand zu ignorieren. (Quelle: Gührs und Nowak 2014, S. 282)

Widerstand ist ein zentrales Thema, wenn wir mit Menschen zielgerichtet interagieren möchten. Der Fallstrick ist nicht der Widerstand als solches, sondern der unzweckmäßige Umgang damit.

Angelehnt an Gührs und Nowak (2014) sind folgende **Interventionsstrategien** in Gesprächen – und damit auch in Moderationsprozessen – möglich:

1. **Ignorieren**: Wir nehmen den Widerstand zwar wahr, reagieren jedoch nicht auf den Widerstand einer Teilnehmerin/eines Teilnehmers.
2. **Tolerieren**: Ähnlich wie beim Isolieren nehmen wir den Widerstand wahr, reagieren in diesem Fall jedoch darauf. Unsere Reaktion sollte insbesondere Verständnis signalisieren, ohne jedoch dem Ganzen zu viel Raum zu geben.
3. **Konfrontieren**: Der Widerstand ist massiver und störend für den Gesprächsfluss. Wir konfrontieren eine Teilnehmerin/einen Teilnehmer mit ihrem/seinem Verhalten, mit dem Ziel, dieses zu ändern. In der Gruppensituation ist es häufig sinnvoll, eine Teilnehmerin/einen Teilnehmer allein zu konfrontieren, also ihn/ sie vorher zu isolieren (z. B. in einer Kaffeepause abseits der anderen Teilnehmenden anzusprechen).
4. **Integrieren**: Auch in diesem Fall ist der Widerstand so störend, dass die Zielerreichung gefährdet wird. Eine solche Störung muss bearbeitet werden. Da wir für das Motiv Verständnis haben, signalisieren wir unser Verständnis und bieten an, das Thema des Widerstandes in die Arbeit der Gruppe zu integrieren.

> **Wichtig**
>
> Im Buch „Lass uns miteinander sprechen. Psychologie der erfolgreichen Gesprächsführung." (Lubienetzki und Schüler-Lubienetzki 2020, Kap. 4) befassen wir uns detailliert mit dem Thema Widerstand. Dort finden Sie zu den einzelnen Interventionsstrategien Beispiele und weiterführende Informationen.

> **Reflexionsaufgabe**
>
> Widerstand ist etwas sehr Menschliches. Bestimmt haben Sie selbst auch schon Widerstand geleistet oder andere Menschen im Widerstand erlebt. Wogegen haben Sie bzw. die oder der Andere Widerstand geleistet? Welches Verhalten haben Sie gezeigt bzw. erlebt? Wie hat sich das Widerstandsverhalten ausgewirkt? Was war Ihr damaliges Motiv für den Widerstand bzw. welches Motiv vermuteten Sie bei den Anderen? Wie hat die von dem Widerstand betroffene Person damals reagiert? Wie hätten Sie mit Ihrem heutigen Wissen in der damaligen Situation auf den Widerstand reagiert?

Zusammenfassung in Schlagworten
- Von **Großgruppen** sprechen wir ab einer Zahl von 26 Teilnehmenden.
- Für solche Gruppengrößen existieren besondere **Großgruppenverfahren** wie das *World Café* oder *Open Space*. Beide Verfahren eigenen sich dafür, das kreative Potenzial von Großgruppen zu aktivieren und insbesondere vielfältige Ideen zu einem vorgegebenen Thema zu entwickeln (Dittrich-Brauner et al. 2013).
  - Das **World Café** erlaubt den kreativen Meinungsaustausch in Kaffeehaus-Atmosphäre.

- Das **Open Space**-Verfahren erzeugt eine Marktplatzatmosphäre, bei der sich die Teilnehmenden frei zwischen Gruppen bewegen und je nach Interesse in Gesprächen einbringen können.
- Die Zusammenarbeit in bzw. mit Großgruppen stellt die Moderatorin/den Moderator vor **besondere Herausforderungen**.
  - So gilt es, die **Gruppendynamik** und dabei die **Entwicklungsphasen** von Gruppen bei der Wahl von Arbeitsmethoden zu beachten (Gellert und Nowak 2014).
  - Trotz eingehender Vorbereitung auf die Moderation sollte die Moderatorin/ der Moderator stets bereit sein, bei Bedarf von ihrem/seinem **Plan abzuweichen** und ihr/sein Vorgehen flexibel an die Gruppe und ihre Arbeitsinhalte **anzupassen** (Graeßner 2008).
  - Schließlich kann es zu **Widerständen** in der Zusammenarbeit mit der Gruppe kommen, denen zielgerichtet und angemessen zu begegnen ist (Gührs und Nowak 2014).
    - Dabei wird die **Interventionsstrategie** abhängig vom **Motiv** des Widerstands und der **negativen Wirkung** auf die Zielerreichung der Zusammenarbeit ausgewählt.

Literatur

Brown, J., & Isaacs, D. (2005). *The World Café. Shaping our futures through conversations that matter.* San Francisco: Berrett-Koehler.

Dittrich-Brauner, K., Dittmann, E., List, V., & Windisch, C. (2013). *Interaktive Großgruppen. Change-Prozesse in Organisationen gestalten* (2. Aufl.). Berlin, Heidelberg: Springer.

Freimuth, J. (2010). *Moderation*. Göttingen: Hogrefe.

Gellert, M. & Nowak, C. (2014). *Teamarbeit – Teamentwicklung – Teamberatung. Ein Praxisbuch für die Arbeit in und mit Teams*, (5. Aufl.). Meezen: Christa Limmer.

Graeßner, G. (2008). *Moderation – das Lehrbuch*. Augsburg: Ziel.

Gührs, M., & Nowak, C. (2014). *Das konstruktive Gespräch. Ein Leitfaden für Beratung, Unterricht und Mitarbeiterführung mit Konzepten der Transaktionsanalyse* (7. Aufl.). Meezen: Christa Limmer.

Klebert, K., Schrader, E., & Straub, W. (2002). *Moderations-Methode. Das Standardwerk*. Hamburg: Windmühle.

Lubienetzki, U., & Schüler-Lubienetzki, H. (2016). *Sag mal: Wo geht's lang und wie kommen wir dahin? Moderation* (Studienbrief der Hochschule Fresenius online plus GmbH). Idstein: Hochschule Fresenius online plus GmbH.

Lubienetzki, U., & Schüler-Lubienetzki, H. (2020). *Lass uns miteinander sprechen. Psychologie der erfolgreichen Gesprächsführung*. Heidelberg: Springer.

o. V (2020). Intervention. In M. A. Wirtz (Hrsg.), *DORSCH – Lexikon der Psychologie*. Bern: Hans Huber. https://portal.hogrefe.com/dorsch/intervention/. Zugegriffen am 05.04.2020.

Owen, H. (2008). *Open space technology. A user's guide* (3. Aufl.). San Francisco: Berret-Koehler.

Gesamtzusammenfassung in Schlagworten

Inhaltsverzeichnis

Die Ausführungen in diesem Kapitel basieren auf folgendem Studienbrief: Lubienetzki,
U. & Schüler-Lubienetzki, H. (2016). SAG MAL: WO GEHT'S LANG UND WIE KOMMEN WIR
DAHIN? MODERATION. Studienbrief der Hochschule Fresenius online plus GmbH. Id-
stein: Hochschule Fresenius online plus GmbH.

— Der Begriff Moderation begegnet uns im Alltag in verschiedenem Kontext. Entsprechend vielfältig sind die Definitionen von Moderation.

— Wir definieren **Moderation** als die zielgerichtete Unterstützung der Kommunikation von Menschen in Gruppen.

 — Die Moderatorin/der Moderator kann in diesem Zusammenhang auch als **Katalysator** verstanden werden.

— Moderation **zielt** darauf ab, die Entscheidungsfindung der Gruppen und ihre Kommunikation zu unterstützen, die vorhandenen Potenziale zu nutzen sowie Motivation und Zufriedenheit zu fördern.

 — Der **Erfolg** von Moderation wird durch die Arbeitsbedingungen und -umgebung sowie Kommunikationsstörungen während der Zusammenarbeit **beeinflusst** als auch durch die Kompetenzen der Moderatorin/des Moderators und der Gruppenmitglieder.

 — Bei Problemen oder Alternativen mit hoher Komplexität und/oder Betroffenheit der Interessen der Gruppenmitglieder stellt **Management** eine **Alternative** zur Moderation dar.

 — Die verschiedenen kommunikativen Herausforderungen in Gruppen lassen sich größtenteils besser mit Moderation bewältigen. Diese kann jedoch wieder andere Probleme mit sich bringen. **Probleme**, die im Zusammenhang mit Moderation auftreten können sind suboptimale Informationsnutzung, Group Think, Entrapment oder Entscheidungsautismus (Freimuth 2010).

— Wir verstehen Moderation in diesem Buch als **Prozess** mit drei Beteiligten und vier Schritten:

 (1) **Vertrags-** bzw. **Auftragsklärung** zwischen Auftraggeberin/Auftraggeber und Moderatorin/Moderator

 (2) **Vorbereitung** durch die Moderatorin/den Moderator

 (3) **Moderierte Gruppenarbeit** mit der Moderatorin/dem Moderator und der Gruppe

 (4) **Nachbereitung** durch die Moderatorin/den Moderator

— Bevor sich eine **Auftraggeberin/ein Auftraggeber** für die Durchführung einer Moderation entscheidet und eine Moderatorin/einen Moderator auswählt, sollte sie/er sich überlegen, … (Freimuth 2010; Hartmann et al. 1999)

 — ob das jeweilige Thema/Problem für eine Moderation *geeignet* ist,

 — ob Moderation als Verfahren zu der *Unternehmens-* und *Arbeitskultur* passt,

 — welche *Ziele* die Moderation verfolgen soll,

 — welchen *Handlungsspielraum* die Gruppe haben wird,

 — welche *Anforderungen* sie/er an die Moderatorin/den Moderator hat und anhand welcher *Kriterien* diese/dieser ausgesucht wird.

— Bei der **Vertragsschließung** (dem sogenannten Contracting) zwischen Auftraggeberin/Auftraggeber und Moderatorin/Moderator klären diese …

 — die *Ziele* der Moderation, im besten Fall nach den SMART- und PIG-Konzepten formuliert,

 — den *Auftrag* an die Gruppe und ihren *Spielraum*,

 — die zentralen *Themen*/Fragestellungen/Probleme sowie bisherige *Lösungsansätze*,

 — die kulturellen *Bedingungen* und die *Zusammensetzung* der Gruppe,

- die *Anforderungen* die Moderatorin/den Moderator,
- gegebenenfalls die geplante *Vorgehensweise* mit Methoden und Technik sowie *Rahmenbedingungen*.
  - In der Theorie gibt es zwar nur den schriftlichen Vertrag zwischen Auftraggeberin/Auftraggeber und Moderatorin/Moderator, in der Realität existieren aber auch **Vertragsbeziehungen** zwischen der Auftraggeberin/dem Auftraggeber und der Gruppe sowie der Gruppe und der Moderatorin/dem Moderator.
  - Ein Vertrag, an dem drei oder mehr Personen beteiligt sind, wird als **Dreiecksvertrag** bezeichnet.
- Bei der **Vorbereitung** auf die moderierte Gruppenarbeit bereitet die Moderatorin/der Moderator das benötigte Material vor und plant ...
- den **Einstieg** in die Zusammenarbeit (d. h., die Begrüßung; das Zusammentragen der Ziele und Erwartungen; die Erklärung des Ablaufs und der Spielregeln; die gemeinsame Einstimmung),
- das **Vorgehen** während der inhaltlichen Arbeit (d. h., die zeitliche Planung; die Abarbeitung aller Teilziele und Fragen; konkrete Methoden, Visualisierung und Ergebnissicherung),
- den **Schluss** der Zusammenarbeit (d. h., die Erstellung eines Umsetzungsplans; Abgleich von Zielen, Erwartungen und Ergebnissen; Feedback und Abschied).
- Zur Vorbereitung analysiert die Moderatorin/der Moderator nach Möglichkeit die **Gruppenstruktur**, wobei sie/er die organisatorische Einbettung der Teilnehmenden und ihre Ressourcen sowie die verschiedenen Interessenslagen und Beziehungen untereinander berücksichtigt (Freimuth 2010; Gellert und Nowak 2014).
- Grundsätzlich und bei aller Vorbereitung muss sich die Moderatorin/der Moderator darauf einstellen, dass nicht alles nach ihrem/seinem Plan verläuft. Sie/er muss **flexibel** sein und ihr/sein Vorgehen an die Umstände **anpassen**, wenn die Situation, die Gruppe oder die erarbeiteten Inhalte dies fordern.
- Beim **Einstieg** in die moderierte Gruppenarbeit wird der Kontakt zu- und untereinander hergestellt, eine produktive Arbeitsatmosphäre geschaffen und die Gruppe auf das Thema eingestimmt. Dazu erfolgt in der Regel eine Vorstellungsrunde, bei der auch die Erwartungen der Teilnehmenden an den moderierten Arbeitsprozess zur Sprache kommen und organisatorische Rahmenbedingungen geklärt werden.
- Zu Beginn gilt es, die **Beziehungen** zwischen der Gruppe und der Moderatorin/dem Moderator sowie die Beziehungen der Gruppenmitglieder untereinander aufzubauen.
- **Gruppendynamische Effekte** am Anfang einer Moderation können die Moderatorin/den Moderator vor eine Herausforderung stellen, daher sollte der Einstieg mit Bedacht gestaltet werden.
- *Soziometrische Aufstellungen* oder *Die gemalte Vorstellung* bieten sich als exemplarische Methoden für einen Einstieg an.
- Beim **Abschluss** der moderierten Gruppenarbeit überprüft die Moderatorin/der Moderator, dass alle Teilnehmenden alle erarbeiteten Ergebnisse kennen

und diesen zustimmen. Weiterhin werden die zu Beginn der Sitzung geäußerten Erwartungen mit den erarbeiteten Ergebnissen verglichen und Abweichungen besprochen. Schließlich kann die gemeinsame Arbeit reflektiert und einander Feedback gegeben werden, bevor man sich voneinander verabschiedet.

- Die **Nachbereitung** der moderierten Gruppenarbeit beginnt nach der Verabschiedung. Die Moderatorin/der Moderator erstellt ein Protokoll, das alle erarbeiteten Ergebnisse beinhaltet und gegebenenfalls Angaben zum Verlauf der Gruppenarbeit. Je nach Vereinbarung mit der Gruppe oder der Auftraggeberin/dem Auftraggeber wird das Protokoll samt Zwischen- und Endergebnissen allen zur Verfügung gestellt.

- Die **Aufgabe** der Moderatorin/des Moderators während der eigentlichen Gruppenarbeit besteht in der **Unterstützung des Arbeitsprozesses** der Gruppe als **neutrale** Instanz.

  - Es herrscht eine klare **Arbeitsteilung**: die Moderatorin/der Moderator hält sich vollständig aus der inhaltlichen Arbeit heraus und verzichtet auf jede Form von Wertung oder Bewertung der Arbeitsergebnisse.

  - Die Moderatorin/der Moderator bietet der Gruppe zielführende **Methoden** an. Sie/er macht dazu **Vorschläge**, begründet diese und erklärt die einzelnen Schritte genau. Die Gruppe entscheidet anschließend, ob und mit welchen Anpassungen ein Vorschlag umgesetzt wird. Dabei holt die Moderatorin/der Moderator das Einverständnis von allen Teilnehmenden ein und geht sicher, dass alle Unklarheiten geklärt sind.

  - Bei Störungen oder Beeinträchtigungen der Arbeitsfähigkeit der Gruppe bietet die Moderatorin/der Moderator **Hilfestellungen** an, indem sie/er das reflektiert, was sie/er in der Gruppe erlebt. Diese Transparenz, gepaart mit zielführenden Methoden zur **Bewältigung von Störungen**, bringt die Gruppe zurück auf den Pfad der konstruktiven und erfolgreichen Zusammenarbeit.

  - Weiterhin ist die Moderatorin/der Moderator zuständig für die **Visualisierung** und **Sicherung** der **Ergebnisse** der Gruppenarbeit. Dazu stellt sie/er Materialen, wie Präsentationen, Flipcharts oder Pinnwände, bereit und sorgt für eine verständliche und vollständige Dokumentation der erarbeiteten Inhalte.

- Die Moderatorin/der Moderator kann, kurz gesagt, drei **Rollen** übernehmen: die Rolle des/der Problemlösenden, des/der Konfliktlösenden und des/der Reflektierenden.

- Die Moderatorin/der Moderator kann sich am Ansatz der **Themenzentrierten Interaktion** (TZI) nach Ruth Cohn (1980) orientieren.

  - Der TZI zufolge interagieren **drei Faktoren** in einer **Umgebung** bzw. einem Kontext (dem Globe). Bei diesen drei Faktoren handelt es sich um: 1. das Ich/die Persönlichkeit, 2. das Wir/die Gruppe und 3. Es/das Thema.

  - Die Moderatorin/der Moderator achtet darauf, dass alle drei Faktoren über den Arbeitsprozess hinweg **ausbalanciert** werden, wobei zeitweise Schwerpunkte gesetzt werden können. Alles, was in der Interaktion stattfindet, muss zum Globe passen.

— Die wichtigsten **Postulate** der Themenzentrierten Interaktion sind „Sei Dein eigener Chairman." und „Störungen haben Vorrang.".

— Zusätzlich stellt die TZI verschiedene **Hilfsregeln** auf, an denen sich die Haltung und das Verhalten der Gruppenmitglieder ausrichten können.

— Die **Grundhaltung** der Moderatorin/des Moderators sollte geprägt sein von wertschätzendem Umgang, helfendem und unterstützendem Verhalten, absoluter Neutralität sowie Neugierde und echtem Interesse an den Menschen und ihren Themen.

— Die **Gruppe** trägt die Verantwortung für die **inhaltliche Arbeit** und ihre **Ergebnisse**. Daher sollte jedes Gruppenmitglied alle vorhandenen relevanten Informationen und die eigenen Kompetenzen in den Arbeitsprozess einbringen.

— Die Gruppe kann im Laufe des moderierten Arbeitsprozesses in verschiedene **Phasen der Gruppenentwicklung** eingeordnet werden (Tuckman 1965).

— Es können unterschiedliche **Rollen innerhalb einer Gruppe** differenziert werden (Gellert und Nowak 2014).

— Es ist möglich, dass die Moderatorin/der Moderator **Widerstand** in der Gruppe wahrnimmt.

— Widerstand hat verschiedene **Erscheinungsformen**: er kann aktiv und passiv, verbal und nonverbal stattfinden.

— In der moderierten Gruppenarbeit kann der Widerstand einer einzelnen Person bewirken, dass andere ebenfalls in den Widerstand gehen.

— Entscheidend ist nicht der Widerstand an sich, sondern der **Umgang** der Moderatorin/des Moderators damit.

   – Eine **Intervention** bei Widerstand kann nur dann zum Ziel führen, wenn das **Motiv** des Widerstands bekannt ist. Sie/er muss also herausfinden, worauf sich der Widerstand bezieht und sollte diesen nicht voreilig auf die eigene Person beziehen.

   – Auch die **negative Wirkung** des Widerstands auf die Zielerreichung bzw. die moderierte Gruppenarbeit ist entscheidet für eine Intervention.

   – Je nach Motiv und negativer Wirkung bieten sich die **Interventionsstrategien** Ignoranz, Toleranz, Konfrontation und Integration an.

— Bei mehr als 25 Teilnehmenden spricht man von **Großgruppen**. Diese erfordern besondere Verfahren zur Unterstützung der Zusammenarbeit. Zwei **Großgruppenverfahren**, die sich dafür bewährt haben, sind das *World Café* und *Open Space*.

— Das *World Café* ermöglicht einen kreativen Meinungsaustausch in kleinen Gruppen in Kaffeehaus-Atmosphäre, wobei die Tischdecken zur Ergebnissicherung dienen.

— Beim *Open Space*-Verfahren bewegen sich die Teilnehmenden in einer Markplatzatmosphäre frei zwischen Gruppen und können sich je nach Interesse in verschiedenen Gesprächen zu einer Leitfrage oder einem übergeordneten Thema einbringen.

Literatur

Cohn, R. (1980). *Von der Psychoanalyse zur themenzentrierten Interaktion. Von der Behandlung einzelner zu einer Pädagogik* (4. Aufl.). Stuttgart: Klett-Cotta.

Freimuth, J. (2010). *Moderation*. Göttingen: Hogrefe.

Gellert, M., & Nowak, C. (2014). *Teamarbeit – Teamentwicklung – Teamberatung. Ein Praxisbuch für die Arbeit in und mit Teams* (5. Aufl.). Meezen: Christa Limmer.

Hartmann, M., Rieger, M., & Luoma, M. (1999). *Zielgerichtet moderieren. Ein Handbuch für Führungs-kräfte, Berater und Trainer* (2. Aufl.). Weinheim: Beltz.

Lubienetzki, U., & Schüler-Lubienetzki, H. (2016). *Sag mal: Wo geht's lang und wie kommen wir dahin? Moderation* (Studienbrief der Hochschule Fresenius online plus GmbH). Idstein: Hochschule Fresenius online plus GmbH.

Tuckman, B. W. (1965). Developmental sequence in small groups. *Psychological Bulletin, 63*(6), 384–399.

6

Serviceteil

© Springer-Verlag GmbH Deutschland, ein Teil von Springer Nature 2020
U. Lubienetzki, H. Schüler-Lubienetzki, *Sag mal: Wo geht's lang und wie kommen wir dahin?*,
Psychologie für Studium und Beruf, https://doi.org/10.1007/978-3-662-61831-8

Glossar

Contracting Das Contracting bezeichnet die Phase der Auftrags- und Vertragsklärung im Moderationsprozess, an der die Auftraggeberin/der Auftraggeber und die Moderatorin/der Moderator beteiligt sind und verschiedene auftragsrelevante Aspekte besprechen (Freimuth 2010).

Dreiecksvertrag „An Dreiecksverträgen sind drei (oder mehr) Parteien beteiligt." (Gellert und Nowak 2014)

Einstellung (synonym zu persönliche Haltung) „Eine Einstellung ist eine mit Emotionen angereicherte Vorstellung, die eine Klasse von Handlungen für eine bestimmte Klasse sozialer Situationen besonders prädisponiert." (Triandis 1975, S. 4)

Entrapment Entrapment bezeichnet ein in späteren Phasen der Gruppenarbeit auftretendes Phänomen, bei dem die Gruppe in ihren bisherigen Ergebnissen gefangen ist und trotz Nachteilen beharrlich an dem eingeschlagenen Weg festhält, ohne sich Fehler einzugestehen (Freimuth 2010).

Entscheidungsautismus Der Begriff Entscheidungsautismus beschreibt das Streben einer Gruppe nach Selbstbestätigung, während sie den Blick für weitere Optionen verschließt (Freimuth 2010).

Group Think Group Think ist ein Ausdruck für das ausufernde Streben einer Gruppe nach Konsens mit dem Effekt, dass diese sich selbst überschätzt und engstirnig sowie mit sozialem Druck auf abweichende Meinungen reagiert (Freimuth 2010).

Großgruppe Unter einer Großgruppe versteht man in der Moderation eine Gruppe mit mehr als 25 Teilnehmenden.

Gruppenarbeitsform Die Gruppenarbeitsform beschreibt, wie eine Gruppe in der Zusammenarbeit strukturiert wird; dabei reichen die Möglichkeiten von der Zusammenarbeit im gesamten Plenum über Kleingruppen mit vier bis sieben Teilnehmenden bis hin zu Zweier- oder Dreiergruppen.

Intervention Eine Intervention ist eine zielgerichtete Maßnahme, mit der (bei unserer Gesprächspartnerin/unserem Gesprächspartner) eine gewünschte Reaktion erreicht werden soll (vgl. o. V. 2020).

Katalysator Ein Katalysator ist ein „Stoff, der chemische Reaktionen herbeiführt oder beeinflusst, selbst aber unverändert bleibt." (Bibliographisches Institut GmbH 2020, siehe Abschn. 2.4)

Management „Tätigkeiten, die von Führungskräften in allen Bereichen der […] in Erfüllung ihrer Führungsaufgabe (Führung) zu erbringen sind. Häufig wird hier zwischen Plan, Realisierung und Kontrolle differenziert." (Springer Gabler Verlag, Hrsg., o. J.)

Moderation Moderation unterstützt zielgerichtet die Kommunikation von Menschen in Gruppen (eigene Definition in Anlehnung an Freimuth 2010;

Klebert et al. 2002; Graeßner 2008 sowie Hartmann et al. 1999).

Open Space Open Space bezeichnet ein moderiertes Großgruppenverfahren, bei welchem sich die Teilnehmenden in einer Markplatzatmosphäre frei zwischen Gruppen bewegen und sich je nach Interesse in verschiedenen Gesprächen zu einem übergeordneten Thema einbringen können. (Freimuth 2010; Dittrich-Brauner et al. 2013).

Postulat Ein Postulat ist nach DUDEN online „etwas, was von einem bestimmten Standpunkt aus oder aufgrund bestimmter Umstände erforderlich, unabdingbar erscheint; Forderung" (Bibliographisches Institut GmbH 2020, siehe Abschn. 3.4).

Setting Das Setting einer moderierten Gruppenarbeit besteht in der räumliche Anordnung der Zusammenarbeit, welche beispielsweise marktförmig, kreisförmig oder metrisch gestaltet sein kann.

Widerstand Widerstand ist alles, was uns in der Kommunikation mit anderen Menschen daran hindert, unsere Ziele zu erreichen.

World Café World Café bezeichnet ein moderiertes Großgruppenverfahren, welches einen kreativen Meinungsaustausch in kleinen Gruppen in Kaffeehaus-Atmosphäre ermöglicht, bei dem die Teilnehmenden zwischen den Tischen wechseln (Dittrich-Brauner et al. 2013).

Stichwortverzeichnis

Printed in the United States
By Bookmasters